Kurt Tepperwein

DEIN ZAHLEN-SCHLÜSSEL

W0278574

SILBERSCHNUR

Alle Rechte – auch die des auszugsweisen Nachdrucks, der fotomechanischen Wiedergabe und der Übersetzung – vorbehalten.

© Verlag »Die Silberschnur«

ISBN 3-931 652-19-X

3. Auflage 1998 (1. Auflage 1988 by RVA Rubin Verlagsanstalt)

Coverbild: Simone Hannabel, Koblenz
Covergestaltung: d t p XPresentation, Boppard
Druck: Kossuth Druckerei AG, Ungarn

Verlag „Die Silberschur“ · Steinstraße 1 · D-56593 Güllesheim

Einführung

Schon in den ältesten Schriften der Menschheit finden wir Hinweise auf verschiedene Wege, um die Ereignisse und die Menschen besser zu erkennen und zu verstehen. Einer der interessantesten dieser Wege ist die Numerologie.

Bei den Babyloniern, bei den Chaldäern und Ägyptern, aber auch bei den Japanern und Chinesen finden wir sehr genaue Beschreibungen dieser Kunst, und obwohl diese Völker unabhängig voneinander forschten, stimmen doch die Ergebnisse weitgehend überein.

Seit der Mensch denken kann, hat er versucht, die Ereignisse vorauszuberechnen. Diese Kunst wurde früher nur von den Priesterärzten und hohen Eingeweihten ausgeübt, die man mit hohen Ehren überhäufte. Sobald Sie aber den «Schlüssel» kennen, können Sie diese Berechnung selbst durchführen.

Der «Schlüssel»

Mit Hilfe der Numerologie kann man die «Mitgift», also die Summe der Eigenschaften, die wir aus früheren Existenzen mitbringen, ebenso berechnen, wie den «geheimen Persönlichkeitskern», den wir normalerweise nicht preisgeben, oder unsere «Lebensabsicht» und damit den Sinn dieses Lebens und unseren «Hauptcharakterzug», also die Art, wie wir nach aussen in Erscheinung treten. Aber auch die wichtigsten «Lebensabschnitte», sowie die Dauer und Art der Einflüsse, unter denen wir im Leben stehen, lassen sich berechnen. Dies sind zwar nur Einflüsse, die wir mit unserem Willen beeinflussen können, aber da die meisten Menschen diese Einflüsse nicht kennen, können sie sie auch nicht ändern. Erst wenn wir diese Einflüsse klar erkannt haben, können wir sie nach unseren Wünschen umformen. Die Numerologie gibt Ihnen eine Möglichkeit, Ihr Schicksal aktiv und nach Ihren Vorstellungen zu gestalten.

Denken Sie immer daran, nicht woher der Wind weht ist entscheidend, sondern wie wir die Segel setzen.

Für die Berechnungen brauchen wir nur das Geburtsdatum. Wir addieren das Datum des Geburtstages, des Geburtsmonats und des Geburtsjahres jeweils für sich, wenn es sich um eine zweistellige Zahl handelt und erhalten so die Quersumme. Auf die gleiche Art errechnen wir die Quersumme des gesamten Geburtsdatums. Sollte der Geburtstag oder der Monat bereits aus einer einstelligen Zahl bestehen, brauchen wir nichts mehr zu addieren.

Ein Beispiel

	Mitgift	Geheimer Persönlichkeits-kern	Lebens-absicht	Haupt-charakterzug
Geburtsdatum:	17.	3.	1941	
Addition:	1+7=8	3	1+9+4+1=15	
Quersummen:	8	3	15	
Grund-information:	8	3	1+5=6	
Gesamtsumme:	8	+3	+15	=26

In unserem Beispiel haben wir als «Mitgift», also als Summe der bisherigen Eigenschaften, die 17 und als Quersumme die 8. Schauen Sie zunächst unter der 8, denn da ist die Grundinformation. Dann unter den Doppelzahlen bei der 17, denn das ist die zusätzliche Spezialinformation, die die Grundinformation erweitert.

Als Information über den «geheimen Persönlichkeitskern» haben wir nur die Grundinformation 3. Sie wird also nicht durch eine Doppelzahl ergänzt.

Bei der «Lebensabsicht» haben wir wieder 2 Informationen. Zunächst die Grundinformation 6, die durch die 15 ergänzt wird.

Auch zum «Hauptcharakterzug» haben wir 2 Informationen. Die 8 als Grundinformation und die 26 als Zusatzinformation.

Sollte ein Geburtstag auch nach der Addition noch eine zweistellige Zahl ergeben, wird diese so ausgewertet und nicht noch einmal addiert.

Das Gleiche gilt für die Quersumme aus dem Geburtsjahr.

	Mitgift	Geheimer Persönlichkeitskern	Lebensabsicht	Hauptcharakterzug
Geburtsdatum:	29.	11.	1966	
Addition:	2+9=11	1+1=2	1+9+6+6=22	
Quersummen:	11	2	22	
Gesamtsumme:	11	+2	+22	=35

Der Geburtstag gibt uns Auskunft über unsere «Mitgift», also die Summe unserer Eigenschaften aus früheren Existenzen.

Der Geburtsmonat zeigt uns den «geheimen Persönlichkeitskern», unser inneres Wesen, das wir sonst nicht zeigen.

Das Geburtsjahr informiert uns über unsere «Lebensabsicht» und über die wichtigsten Lebensabschnitte.

Das gesamte Geburtsdatum lässt uns den «Hauptcharakterzug» erkennen, die Art, wie uns unsere Mitmenschen erleben.

Die Berechnung der «Lebens-abschnitte»

Die Berechnung der wichtigen «Lebensabschnitte» erfolgt, indem wir zum Geburtsjahr die Quersumme des Geburtsjahres hinzuzählen. Bei unserem Beispiel wäre das 1941 + 15 = 1956. Der erste Lebensabschnitt von 1941 bis 1956 steht somit unter dem Einfluss der 15. Den nächsten Lebensabschnitt berechnen wir, indem wir die Quersumme von 1956, also 21 hinzuzählen und wir erhalten 1977. Der Lebensabschnitt von 1956 bis 1977 steht unter dem Einfluss der 21. Die Quersumme von 1977 ist 24. Somit stehen die Jahre ab 1977 unter dem Einfluss der 24. Die Bedeutung können Sie jeweils bei den Doppelzahlen nachlesen.

Ein Beispiel:

17.3.1
17.3.1941 (1 + 9 + 4 + 1 = 15)
+ 15
———
1956 (1 + 9 + 5 + 6 = 21)
+ 21
———
1977 (1 + 9 + 7 + 7 = 24)
+ 24
———
2001 (2 + 0 + 0 + 1 = 3)
+ 3
———
2004 usw.

Oft sind diese, sich durch die Addition ergebenden Jahre, ganz entscheidende Daten in unserem Leben, die mit Heirat, Berufsbeginn oder -wechsel, aber auch mit dem Verlust eines Menschen zusammenfallen. Mitunter jedoch sind sie erst der Beginn einer entscheidenden Entwicklung,die erst Jahre später sichtbar wird.

Ausserdem hat natürlich jedes Jahr auch noch eine eigene Energie, die wir durch Addition aus der Quersumme erkennen können. Erst die Mischung beider Energien, der Jahresenergie und der Energie unseres individuellen Lebensabschnittes, ergibt die Qualität einer bestimmten Zeit für uns.

Die Bedeutung der Null im Geburtsdatum

Ist eine Null im Geburtsdatum, dann sind gewissermassen zwei Inkarnationen in einem Leben enthalten. In dem Fall rechnen wir einmal die Quersumme normal aus, wobei wir die Null nicht beachten und dann noch einmal, wobei wir die Null als Zehn bewerten.

Beispiel: 3.10.1932

$$3+1+0+1+9+3+2=19$$
$$3+1+10+1+9+3+2=29$$

Hierbei stehen die ersten 19 Jahre des Lebens unter dem Einfluss der 19. Dann erfolgt eine Änderung der Persönlichkeit, die mit 29 abgeschlossen ist. Das weitere Leben steht dann unter dem Einfluss der 29, bzw. der 11 ($2+9=11$) und der 2 ($1+1=2$). Die 2 ist die Grundinformation, die durch die 29 und die 11 ergänzt wird.

Sind 2 oder mehr Nullen im Geburtsdatum enthalten, dann sind ebensoviele Persönlichkeitsänderungen zu erwarten, die auf die gleiche Weise berechnet werden.

Beispiel:
10.10.1908

$$1+0+1+0+1+9+0+8=20$$
$$1+10+1+0+1+9+0+8=30$$
$$1+10+1+10+1+9+0+8=40$$
$$1+10+1+10+1+9+10+8=50$$

Hier steht also die Zeit von 1908 bis 1928 unter dem Einfluss der 20, 1928 bis 1938 unter der 30, 1938 bis 1948 unter der 40 und 1948 bis 1958 unter dem Einfluss der 50. Dann bleibt die Persönlichkeit konstant.

Mit diesem Wissen sind Sie nun in der Lage, numerologische Berechnungen selbst durchzuführen. Diese Fähigkeit kann Ihr ganzes Leben verändern, denn Sie sehen die Menschen und die Ereignisse in einem anderen Licht. Sie erkennen sie mit ihren Schwächen und Stärken, vor allem aber erkennen Sie sich selbst viel besser und Sie sind in der Lage, Ihr Leben bewusst zu «führen».

Die Bedeutung der Grundzahlen

Die Zahl

1

1/a Haupteigenschaften

Ehrgeiz
Willenskraft
Durchsetzungsvermögen
Mut
Unabhängigkeit

Maskulin, intellektuell, aggressiv, führend, hartnäckig, selbstsüchtig

1/b Allgemein

Sie sind eine Führernatur, die man gern mit der Lösung von Problemen beauftragt. Sie haben eine positive Natur und eine ausgeprägte Individualität.

Sie sind frei, unabhängig und stolz auf Ihre Leistungen.

Ihr starker Ehrgeiz, Ihre Ausdauer und Zähigkeit befähigen Sie, Ihre Ziele auch zu erreichen.

Sie sind von Natur aus grosszügig, aber nicht leicht zu beeinflussen, was sowohl positiv, als auch negativ sein kann.

Sie werden im allgemeinen wegen Ihrer Energie und Dynamik von anderen bewundert. Wenn man sich Ihnen aber querstellt, wissen Sie sich durchzusetzen.

Durch Ihre Tatkraft erreichen Sie fast immer führende berufliche Stellungen.

Sie sind mutig, begeisterungsfähig und behalten in jeder Situation Ihre Geistesgegenwart.

Sie handeln schnell, sind fleissig und unkompliziert.

Ihre Gewandtheit in Schrift und Sprache, Ihre Konzentration und Fähigkeit zu logischem Denken machen Sie besonders geeignet für wissenschaftliche Arbeiten.

Sie haben eine klare Zielvorstellung, sind bereit, sich voll einzusetzen und halten auch bei schwierigen Aufgaben durch. Sie erwarten allerdings auch, dass man Ihre Leistung bemerkt und anerkennt.

1/c Gesundheit

Gefährdet sind vor allem Herz und Kreislauf.

1/d Liebe und Freundschaft

Sie haben das Ruder gern selbst in der Hand, dienen ungern und unterwerfen sich nie. Von Ihrem Partner erwarten Sie, dass er sich anpasst.

Sie können mitunter etwas hart und gedankenlos gegenüber anderen sein — gelegentlich auch jähzornig und selbstsüchtig.

Mit Ihrer Stärke und Beständigkeit können Sie aber einem Partner auch Halt und Sicherheit geben.

Je mehr Sie jemanden lieben, desto mehr neigen Sie dazu, den anderen zu beherrschen. Auch haben Sie manchmal Schwierigkeiten, Ihre Gefühle auszudrücken.

Beste Partner für Sie sind die Zweier und Sechser. Dreier und Vierer können gute Partner sein, wenn Sie nicht zuviel von ihnen fordern.

Partnerschaften mit Achtern, Neunern oder anderen Einern neigen zu stürmischen Auseinandersetzungen, was beide Partner unglücklich macht.

1/e Positiv

Positive Natur, Originalität, gute Konzentration, schnelle Auffassungsgabe, schöpferisch, zäh, strebsam, unabhängig, ausdauernd, mutig, zielstrebig, selbstbewusst, selbständig, energisch, grosszügig, geistesgegenwärtig, sicher, fleissig, unkompliziert, kreativ, intelligent, zuverlässig.

1/f Negativ

Eigenwillig, aggressiv, egoistisch, taktlos, gedankenlos, jähzornig, gefühllos, herrschsüchtig, eitel, hart, schroff, kritisiert andere, lehnt aber selbst Kritik ab, besitzergreifend, undiplomatisch, rechthaberisch, unausgeglichen.

1/g Empfehlung

Gesundheit: Vermeiden Sie einen überhitzten Ehrgeiz, damit Herz und Kreislauf gesund bleiben.

Beruf: Chef, Manager, Wissenschaftler, Techniker, Erfinder, Reporter, Schriftsteller, Arzt, Forscher, Pilot.

Allgemein: Achten Sie auch einmal auf die Gefühle der anderen und halten Sie sich mit Kritik etwas zurück.

Führen Sie die anderen mit leichter Hand und erwarten Sie nicht zuviel. Haben Sie Verständnis für die Unzulänglichkeiten der anderen und bieten Sie ihnen Halt und Sicherheit. Erkennen Sie, dass auch Sie sich einfügen können, ohne Ihre Individualität zu verlieren.

Bauen Sie Ihre positiven Aspekte aus, wie: Ihre Kreativität, Ihre Führungsqualität und Ihr Organisationstalent.

Lenken Sie aber Ihre Energie nicht nur auf materielle, sondern vor allem auf geistige Ziele, damit Ihr Leben zu einem wirklichen Erfolg wird.

Die Zahl

2

2/a Haupteigenschaften

Mitleid
Verständnis
Nachgiebigkeit
Bescheidenheit
Wissen

Sanft, friedliebend, gewissenhaft, dienend, phantasievoll, idealistisch, anpassungsfähig, hellsichtig.

2/b Allgemein

Sie sind sanft, liebenswürdig und taktvoll und jederzeit bereit, sich zu versöhnen, denn Sie lieben die Harmonie.

Da Sie bescheiden und ordentlich sind, schätzt man Sie als wertvollen Mitarbeiter. Sie haben mehr Erfolg im Leben, wenn Sie mit anderen zusammenarbeiten.

Sie haben eine natürliche Grazie und ein besonderes Mitgefühl für andere. So finden Sie oft Ihre Lebensaufgabe darin, anderen zu dienen. Man schätzt Ihre sanftmütige Gesinnung und Ihre Zurückhaltung.

Sie haben eine lebhafte Phantasie und sind künstlerisch und romantisch. Körperlich sind Sie meist weniger widerstandsfähig und gelegentlich reagieren Sie auch überempfindlich, da Sie sehr sensibel sind. Auch Ihr Mangel an Selbstvertrauen, Ausdauer und Beharrlichkeit kann sich negativ auswirken.

Sie fordern nichts von den anderen und streben vor allem nach Harmonie. Ausserdem haben Sie das Talent, wirklich zuhören zu können, besonders wenn jemand Sorgen hat.

Sie haben eine leichte Auffassungsgabe und sind gern in Gesellschaft. In unfreundlicher Umgebung verzagen Sie aber zu leicht.

2/c Gesundheit

Belastet sind vor allem die Verdauungsorgane. Auf Magen, Leber und Galle, sowie Darmerkrankungen achten, da Sie Streit, Ärger und Disharmonie sehr belasten. Ausserdem besteht eine Neigung zu Depressionen.

2/d Liebe und Freundschaft

Es fällt Ihnen leicht, Freunde zu gewinnen. Sie sind warmherzig und zärtlich, mit einem Wort ein idealer Partner.

Sie gehen gern den Weg des geringsten Widerstandes und sind bereit, sich Ihrem Partner anzupassen.

Sie bemühen sich, Streit und Disharmonie zu vermeiden, sind stets bereit, zu vergeben und zu vergessen, aber ab und zu schmollen Sie auch gern ein bischen. Haben Sie Verständnis, dass nicht alle Menschen so romantisch sind wie Sie, und lassen Sie sich nicht so leicht ausnutzen.

Sie kommen mit fast allen Menschen gut aus. Am Besten mit Zweiern, Vierern und Sechsern. Bei Siebenern und Neunern müssen beide sich ständig bemühen.

2/e Positiv

Harmonisch, taktvoll, gewissenhaft, sanft, bescheiden, ordentlich, diplomatisch, liebenswürdig, graziös, mitfühlend, fröhlich, zurückhaltend, idealistisch, romantisch, intuitiv, gesellig, rücksichtsvoll, fair, anpassungsfähig.

2/f Negativ

Wankelmütig, unschlüssig, überempfindlich, passiv, schwach, reserviert, depressiv, nervös, gehemmt, naiv, unsicher.

2/g Empfehlung

Gesundheit: Bauen Sie Ihre Überempfindlichkeit ab, aber schlucken Sie nicht alles herunter und vermeiden Sie körperliche Überlastung.

Beruf: Beamter, Angestellter, Apotheker, Drogist, Künstler, Gärtner, Landwirt.

Allgemein: Wählen Sie Ihren Partner besonders sorgfältig aus, denn das Schlüsselwort Ihres Lebens ist Zusammenarbeit. Mit dem richtigen

Partner können Sie Grosses erreichen. Lassen Sie sich aber von Ihrem Partner nicht zu sehr ausnutzen.

Lernen Sie, sich zu entscheiden.

Ihren Mangel an Ausdauer und Beharrlichkeit sollten Sie ausgleichen und Ihre Stimmungsschwankungen Ihre Umwelt nicht so fühlen lassen.

Seien Sie nicht unterwürfig, aber auch nicht egoistisch, sondern stets Sie selbst, auch wenn Sie sich gern führen lassen.

Die Zahl

3

3/a Haupteigenschaften

Ehrgeiz
Temperament
Stolz
Unabhängigkeit
Beobachtungsgabe

Vielseitig, gesellig, fleissig, energisch, kühn, geistreich.

3/b Allgemein

Sie sind ehrgeizig und geben sich auf die Dauer nicht mit untergeordneten Stellungen zufrieden. Sie verstehen es, sich auch aus ungünstigen Positionen emporzuarbeiten.

Sie lieben Ordnung und Disziplin in allen Dingen, ordnen sich auch selbst ein, bestehen jedoch auch auf Ausführung Ihrer Befehle. Sie sind unabhängig und stolz.

Sie haben Temperament und Draufgängertum, das bis zur Rücksichtslosigkeit gehen kann. So können Sie der Gefahr unterliegen, starrköpfig diktieren zu wollen. So schaffen Sie sich Gegner, obwohl Sie nicht streitsüchtig sind.

In Ihrem Leben werden geistige Dinge immer eine wesentliche Rolle spielen, denn Sie leben die Selbstverwirklichung.

Sie sind fähig und bereit, die Dinge so zu sehen, wie sie wirklich sind, ohne sich etwas vorzumachen.

Sie haben viele Talente und lernen schnell und leicht, ohne sich anzustrengen.

Ihr Enthusiasmus ist ansteckend, aber Sie bleiben nie lange bei einer Sache, da Sie stets das Neue suchen.

3/c Gesundheit

Gefährdet ist vor allem das Nervensystem. Dadurch Neigung zu Migräne und nervösen Herzbeschwerden. Ausserdem besteht eine Disposition für Rheuma, Ischias und Muskelschmerzen.

3/d Liebe und Freundschaft

Sie sind ein geselliger, natürlicher und unterhaltsamer Mensch, dem es leicht fällt, neue Freunde zu gewinnen.

Sie sind zärtlich und warmherzig und fähig zu einer tiefen lang anhaltenden Liebe. Da Sie das Verliebtsein lieben, kann es sein, dass Sie sich erst einige Male verlieben, bevor Sie Ihre grosse Liebe gefunden haben.

Sie beherrschen die Kunst der Konversation, sind ein guter Unterhalter und verstehen es ausgezeichnet, anderen die Spannung zu nehmen und sie positiv zu beeinflussen.

Sie selbst können mit jedem Zahlentyp glücklich werden, aber nicht jeder kann mit einem Dreier auskommen.

Bevor Sie sich binden, sollten Sie besonders genau prüfen, ob es wirklich der richtige Partner ist.

3/e Positiv

Temperamentvoll, hochbegabt, vielseitig, energisch, lebendig, geistreich, unabhängig, aktiv, fleissig, vom Glück begünstigt, künstlerisch, glücklich, Streben zu Höherem, sozial, pflichtbewusst, positiv scharfe Beobachtungsgabe, enthusiastisch.

3/f Negativ

Rücksichtslos, egoistisch, eitel, launenhaft, zerstreut, diktatorisch, ruhelos, geschwätzig, unentschlossen, oberflächlich, unzufrieden, hochmütig, herrschsüchtig, unbeständig, genusssüchtig, stur, überkritisch, Einzelgänger.

3/g Empfehlung

Gesundheit: Vermeiden Sie Zersplitterung, um Ihre Nerven zu schonen. Achten Sie auf Unterkühlung.

Beruf: Dozent, Pädagoge, Künstler, alle kaufmännischen und juristischen Berufe, Diplomat, Gastwirt, Arzt, Musiker, Politiker.

Allgemein: Konzentrieren Sie sich auf eine Sache, was Ihnen, wegen Ihrer vielen Talente, nicht immer leicht fällt.

Verwechseln Sie nicht Verliebtsein mit Liebe und wählen Sie Ihren Partner besonders sorgfältig.

Nutzen Sie Ihren Sinn für Höheres, und lenken Sie Ihr Interesse auf geistige Werte.

Kontrollieren Sie Ihre gelegentliche Sturheit, um sich nicht unnötig Feinde zu schaffen. Nutzen Sie vielmehr Ihre ungewöhnliche Fähigkeit, sich überall Freunde schaffen zu können.

Die Zahl

4

4/a Haupteigenschaften

Kämpfernatur
Sarkasmus
Durchsetzungsvermögen
Willensstärke
Reformer

Solide, ruhig, eigenwillig, problematisch, schwerfällig, revolutionär, verschlossen, ehrenhaft, gerecht, mystisch, nicht ausdauernd.

4/b Allgemein

Sie sind ein eigenwilliger Mensch, der grundsätzlich der allgemeinen Ansicht widerspricht.

Sie sind grüblerisch und problematisch und verbergen Ihre oft unglückliche Veranlagung hinter sarkastischen Bemerkungen.

Sie sind ein geborener Revolutionär, sowohl im positiven, wie im negativen Sinn.

Sie haben zwar einen starken Willen, sind aber nicht ausdauernd, sodass Sie sich Erfolge stets erarbeiten müssen.

Sie neigen zu Einsamkeit, schliessen nicht leicht Freundschaft und sind leicht verwundbar, da Sie oft überempfindlich reagieren.

Berufliche Misserfolge durch Illusionen sind möglich.

Sie lieben einen geordneten Tagesablauf. Dabei besteht die Gefahr, dass man Sie übergeht, weil man Ihre Leistung nicht erkennt.

Sie sind sehr «geradeheraus» und Ihre Freunde schätzen Ihre Offenheit. Aussenstehende aber sind dadurch meist betroffen und verletzt, sodass Sie nur schwer neue Freunde gewinnen. Ihre Offenheit in Ehren, aber manchmal kann sie zur Taktlosigkeit werden.

4/c Gesundheit

Gefährdet sind vor allem die Knie und Fussknöchel, sodass Krampfadern, Venenleiden und Entzündungen in diesem Bereich auftreten können. Ausserdem besteht eine Disposition zu schlechter Blutzikulation.

4/d Liebe und Freundschaft

Sie schliessen nur schwer Freundschaft und unterliegen der Gefahr, überempfindlich zu reagieren. Dabei brauchen Sie eine tiefe Liebesbeziehung, sonst bleibt Ihr Leben öde und leer.

Sie nähern sich einem Partner nur langsam und haben Schwierigkeiten, Ihre Liebe auszudrücken.

Sie sind eine ideale Ergänzung für jemanden, der einen verlässlichen Partner sucht. Für einen romantisch veranlagten Typ sind Sie jedoch nicht der Richtige.

Beste Partner sind für Sie Vierer, Siebener oder Neuner, also Menschen, die das Leben genau so ernst nehmen wie Sie.

Einser und Achter können gute Partner sein, wenn sie nicht zu aggressiv sind.

Vorsicht mit Dreiern und Fünfern. Diese wirken auf Sie zu oberflächlich und leichtfertig, auch wenn das gar nicht der Fall ist.

4/e Positiv

Treuer Freund, solide, praktisch, ruhig, originell, starker Durchsetzungsdrang, intuitiv, hellsichtig, ehrenhaft, gerecht, vorsichtig.

4/f Negativ

Problematisch, konservativ, stur, sarkastisch, taktlos, zaghaft, trübsinnig, Mangel an Selbstvertrauen, unglücklich, depressiv, phantasielos, ernst, abweisend, unschöpferisch, schwerfällig, misstrauisch, Anfälle von Melancholie und Wutausbrüche möglich, zerstörerisch, anarchistisch, langsam, nicht ausdauernd, falsche Höflichkeit, Neigung zu Intrigen, Überempfindlichkeit, reserviert.

4/g Empfehlung

Gesundheit: Sie sollten stets auf ausreichende Bewegung achten, da sonst Durchblutungsstörungen auftreten.

Knie und Fussgelenke nicht zu stark belasten.

Beruf: Revolutionär, Verwalter, Politiker, Künstler, Philosoph, Forscher, Mystiker, Offizier, Erfinder, Buchhalter, Kassierer, Sachbearbeiter.

Allgemein: Halten Sie Ihren Sarkasmus in Zaum, damit Sie Ihre Umwelt nicht unnötig vor den Kopf stossen.

Gestehen Sie auch anderen einmal ein offenes Wort zu, und seien Sie nicht gleich eingeschnappt.

Da Ihnen Erfolge nicht in den Schoss fallen, sollten Sie Ihre Ausdauer trainieren.

Vierer haben die Aufgabe, sich durch Taten zu verwirklichen. Tun Sie das nicht, wird Sie das Schicksal durch harte Schläge auf den Weg lenken.

Die Zahl

5

5/a Haupteigenschaften

Freiheitsdrang
Optimismus
Charme
Rasches Denken und Handeln
Meister in Wort und Schrift

Vielseitig, kontaktfreudig, schlagfertig, gesellig, intelligent, abenteuerlustig, ungeduldig.

5/b Allgemein

Fünfer sind voller Geist, Energie und Schnelligkeit, aber auch voller Enthusiasmus. Für Sie ist das Leben ein Abenteuer, eine Herausforderung, die Sie auch fast immer meistern.

Sie erlauben niemandem, Ihre Freiheit zu schmälern.

Sie sind ein Meister in Wort und Schrift, vielseitig, beweglich und intelligent.

Gute Menschenkenntnis hilft Ihnen bei allen Unternehmungen, und Ihre Schlagfertigkeit ist geradezu sprichwörtlich.

Sie sind kontaktfreudig, schliessen leicht Bekanntschaften und haben meist viele Freunde.

Sie haben eine starke Wunschkraft und erreichen meist Ihre Ziele, obwohl Sie nicht unbedingt ausdauernd sind, denn nichts kann Sie in Ihrer Vielseitigkeit lange fesseln.

Sie denken und handeln rasch, überanstrengen jedoch mitunter Ihre Nerven, was zu Gereiztheit und Jähzorn führen kann.

Sie interessieren sich meist weniger für Geld und Macht, sondern sehen Ihren Erfolg im meistern von Herausforderungen und vermeiden von Langeweile.

Streit vergessen Sie schnell, denn Sie sind nicht nachtragend, obwohl Sie wesentlich sensibler sind, als Ihre Mitmenschen ahnen.

5/c Gesundheit

Gefährdet sind vor allem das Nervensystem und damit auch die Verdauungsorgane.

Es besteht auch eine gewisse Neigung zu exzessiver Lebensführung.

5/d Liebe und Freundschaft

Durch Ihre Kontaktfreudigkeit schliessen Sie leicht Bekanntschaften und gewinnen viele Freunde, denn Sie sind gesellig und tolerant, solange der andere Sie nicht in Ihrer Freiheit beengt.

Sie geniessen das Leben in vollen Zügen und sind sehr sinnlich, was zu einem instabilen Liebesleben, im Extremfall auch zu Ausschweifungen und Perversitäten führen kann.

Eine Ehe mit Ihnen ist Himmel oder Hölle, ein Mittelding scheint es für Sie nicht zu geben. Auf jeden Fall ist es mit Ihnen nie langweilig.

Als Partner kommt sowieso nur in Frage, wer Sie nicht ändern will, sondern Sie so liebt, wie Sie sind.

Ideal als Partner ist ein anderer «Fünfer». Aber auch Zweier, Dreier und Sechser kommen gut mit Ihnen aus.

Vorsicht allerdings bei den Nummern 1, 4 und 9, denn nur ein Wunder kann solche Partnerschaften harmonisch gestalten.

5/e Positiv

Geistvoll, begeisterungsfähig und begeisternd, energisch, kontaktfreudig, gesellig, tolerant, vielseitig, sympathisch, beweglich, unterhaltend, geschäftstüchtig, elastisch, optimistisch, reisefreudig, offen, gütig, intelligent, kreativ, aktiv, charmant, schlagfertig, magnetisch, zärtlich, erfolgreich.

5/f Negativ

Nervös, taktlos, inkonsequent, wechselhaft, genusssüchtig, impulsiv, reizbar, jähzornig, ungeduldig, rücksichtslos, heuchlerisch, masslos, herrschsüchtig, launisch, sinnlich, rastlos.

5/g Empfehlung

Gesundheit:	Vermeiden Sie vor allem nervliche Überbelastungen, da hierdurch, fast alle gesundheitlichen Störungen bei Ihnen verursacht werden.
Beruf:	Journalist, Kaufmann, Prediger, Philosoph, Lehrer, Dichter, Psychotherapeut, Jäger, Schriftsteller, Pilot, Kriminalbeamter, Werbefachmann, Fotograf, Börsenmakler.
Allgemein:	Meistern Sie Ihre Ungeduld und gelegentlichen Jähzorn, denn nicht jeder ist so intelligent und schnell wie Sie.

Nutzen Sie Ihre guten Menschenkenntnisse und Ihre Meisterschaft in Wort und Schrift für Ihren beruflichen Erfolg. Sollte dies ausnahmsweise einmal nicht ausreichen, so haben Sie Ihre starke Wunschkraft, um Ihr Ziel doch noch zu erreichen.

Geniessen Sie das Leben und Ihre Sinnlichkeit, aber vermeiden Sie Ausschweifungen.

Sorgen Sie möglichst früh für finanzielle Rücklagen, denn Ihre Abenteuerlust und Ihre Risikofreudigkeit führen zu gelegentlichen «Durststrecken».

Die Zahl

6

6/a Haupteigenschaften

Selbstlosigkeit
Zuverlässigkeit
Anziehungskraft
Gerechtigkeit
Treue

Idealistisch, fürsorglich, liebevoll, friedliebend.

6/b Allgemein

Sie haben aussergewöhnliche Ausstrahlungskraft und sind ein Mensch, in dessen Gesellschaft man sich wohl fühlt.

Für Ihre Familie sind Sie bereit, jedes Opfer zu bringen. Schönheit und Harmonie sind für Sie so wesentlich wie die Luft, daher sind Sie immer darauf bedacht, sich mit Schönem zu umgeben. Sie sind heiter, friedfertig und häuslich. Sie haben hohe Ideale und eine tiefe Liebe für Ihre Mitmenschen und in den meisten Fällen auch magnetische Heilkräfte.

Sie sind immer bemüht, Ihren Mitmenschen zu helfen und sie zu unterstützen und kommen mit allen Menschen gut aus.

Sie sind daher ein hervorragender Gastgeber.

Wenn Sie mit den Handlungen oder Leistungen anderer unzufrieden sind, machen Sie es lieber selbst, ehe Sie kritisieren. Sie arbeiten immer zuverlässig, auch im Detail, können dadurch jedoch mitunter zu pedantisch sein.

Ihre hohe geistige wie körperliche Liebesbereitschaft kann dazu führen, dass Sie in ein Abhängigkeitsverhältnis geraten, aus dem Sie nur schwer aus eigener Kraft herausfinden.

Die Selbstlosigkeit, die Sie auszeichnet, macht Sie zu einem hervorragenden Berater, und Sie finden Ihre Erfüllung darin, anderen zur Seite zu stehen.

6/c Gesundheit

Besonders empfindlich bei Ihnen sind Hals und Schultern.

Sie sollten darauf achten, stets ausreichend zu trinken, denn Sie neigen zu Stoffwechselstörungen, die sich als Blasen-, Nieren- oder Gallensteine äussern, oder aber als rheumatische Beschwerden.

6/d Liebe und Freundschaft

Ihre aussergewöhnliche Ausstrahlungskraft zieht andere Menschen magnetisch an. Sie werden geliebt und verehrt. Sie sind bestrebt, eine fürsorgliche Atmosphäre um sich zu verbreiten und sind bereit, für den anderen fast jedes Opfer zu bringen.

Ihre Liebesbereitschaft und Ihre Anpassungsfähigkeit sind sprichwörtlich, so dass Sie mit fast jedem Menschen gut auskommen.

Wenn Sie lieben, müssen Geist und Seele mitsprechen, denn körperliche Liebe allein bringt Ihnen immer Enttäuschungen.

Sechser und Zweier sind ideale Partner für Sie. Auch mit Einern und Achtern können Sie sich glücklich ergänzen.

Beim Neuner müssen Sie weitgehend bereit sein, nachzugeben. Vorsicht beim Vierer und Siebener.

6/e Positiv

Idealistisch, herzlich, häuslich, friedliebend, ausgeglichen, zuverlässig, gewissenhaft, treu, gründlich, familienbewusst, mütterlich, fürsorglich, grossherzig, ehrlich, anziehend, lieb, gemütlich, gerecht, ästhetisch, selbstlos, verantwortungsbewusst, ruhig, ethisch, aufopfernd.

6/f Negativ

Eingebildet, klatschsüchtig, konservativ, Prahlerei, Verschwendungssucht, Neigung zu Intrigen, Eifersucht, Sinnlichkeit, Masslosigkeit, aufdringlich.

6/g Empfehlung

Gesundheit: Halten Sie Hals und Schultern warm und schonen Sie Ihre Stimme. Achten Sie stets darauf, ausreichend zu trinken, und sich ausgewogen zu ernähren, um Stoffwechselstörungen zu vermeiden.

Beruf: Musiker, Maler, Bildhauer, Schauspieler, Modezeichner, Schneider, Friseur, Architekt, Berater.

Allgemein: Bei Ihnen besteht die Gefahr, dass Schmarotzer Ihre grosszügige und freigiebige Art ausnützen.

Achten Sie auch darauf, dass Sie nicht in ein geistiges oder körperliches Abhängigkeitsverhältnis geraten, aus dem Sie sich nur schwer ohne fremde Hilfe lösen können.

Die grösste Erfüllung werden Sie in einer beratenden Tätigkeit finden, wo Sie Ihr Einfühlungsvermögen und Ihre Selbstlosigkeit optimal einsetzen können.

Achten Sie darauf, dass Sie Ihre Anpassungsfähigkeit nicht bis zur Selbstverleugnung treiben.

Die Zahl

7

7/a Haupteigenschaften

Freiheitsliebe
Intelligenz
Opferbereitschaft
Grosszügigkeit
Rasche Auffassungsgabe

Wahrheitssuchend, unabhängig, kämpferisch, ehrenhaft, unbestechlich, analytisch.

7/b Allgemein

Ihre etwas reservierte Art hebt sich von anderen ab, und nur ein Mensch mit einem Blick für Feinheiten wird Sie wirklich verstehen.

Sie sind ein analytisch veranlagter Mensch, immer darauf bedacht, die Wahrheit hinter den Dingen zu finden.

Sie strahlen eine natürliche Würde aus, und der Respekt Ihrer Mitmenschen ist Ihnen sicher.

Ihre Hauptinteressen liegen auf philosophischem und kulturellem Gebiet, aber auch die angenehmen Seiten des Lebens sind sehr wesentlich für Sie, denn Sie sind ein ausgesprochener Geniesser.

Manch harte Erfahrung erwartet Sie in diesem Leben, doch Sie reifen durch diese Enttäuschungen zu einer wirklichen Persönlichkeit.

Sie lieben die Abwechslung, Reisen und Abenteuer, und es reizt Sie, das Geheimnisvolle zu entschleiern. Ihr Erlebnishunger ist unstillbar.

Obwohl Sie Geselligkeit durchaus schätzen, sind Sie im Grunde Ihres Herzens ein Einzelgänger von ausgeprägter Eigenart.

Sie sind zuverlässig und arbeiten hart, schätzen es aber gar nicht, wenn man Sie ständig kontrolliert.

Es dauert lange, bis Sie Freundschaft schliessen, dann aber ist es für Sie endgültig.

Das höchste Ziel Ihres Lebens sollte der Sieg über sich selbst sein, denn nur darin können Sie wirklich Erfüllung finden.

7/c Gesundheit

Sie neigen zu Nerven- und Blutkrankheiten. Ausserdem sind bei Ihnen die Füsse und Knöchel gefährdet, was zu Muskelverspannungen und Krampfadern in diesem Bereich führt.

7/d Liebe und Freundschaft

Sie sind zärtlich, aber es fällt Ihnen schwer, Ihre Gefühle zu zeigen.

Es dauert lange, bis Sie Freundschaft schliessen, aber dann ist es für Sie von Dauer.

Da Sie Zeit und Ruhe zum Studieren der Wahrheit und zur Erforschung des eigenen Ichs brauchen, sollten Sie sich einen Partner suchen, der zeitlich nicht zu hohe Anforderungen an Sie stellt.

Sie heiraten entweder sehr früh oder überhaupt nicht, denn je älter Sie werden, desto zurückgezogener werden Sie.

Mit Dreiern und Fünfern als Partner erleben Sie viele Stürme, aber sie kommen miteinander aus.

Zweier und Sechser leiden unter Ihrer Schwierigkeit, Ihre Gefühle auch auszudrücken.

Mit Einern und Achtern kommen Sie nur scheinbar gut zurecht, da Sie weniger miteinander als harmonisch aneinander vorbei leben.

7/e Positiv

Intelligent, opferbereit, selbstbeherrscht, analytisch, bedacht, wahrheitssuchend, würdevoll, grosszügig, kultiviert, zielsicher, Lehrfähigkeit, aktiv, energisch, unbestechlich, ehrenhaft, kämpferisch, originell, unabhängig, hellsichtig, stark, intellektuell, unermüdlich, rasche Auffassungsgabe, freiheitsliebend, intuitiv, loyal.

7/f Negativ

Pessimistisch, ernst, reserviert, wenig humorvoll, verschlossen, enttäuscht, sarkastisch, wenig taktvoll, unfähig, Gedanken auszudrücken und zu präzisieren, Gefühl der Verlassenheit und des Unglücks, grüblerisch, genusssüchtig, stur, weltabgewandt, mystisch, Egoismus, Fanatismus, Unfallgefahr, Verfolgung, Verluste, zu selbstkritisch.

7/g Empfehlung

Gesundheit: Schonen Sie Ihre Nerven und machen Sie öfters eine Blutreinigungskur.

Vorsicht bei sportlichen Tätigkeiten, bei denen die Füsse überbelastet werden können!

Beruf: Reiseleiter, Philosoph, Wissenschaftler, Analytiker, Bibliothekar, Freiberufler.

Allgemein: Zeigen Sie Ihrem Partner auch immer wieder einmal, was Sie fühlen, damit er unter Ihrer Reserviertheit nicht leidet.

Wählen Sie einen Beruf, der Ihren Erlebnisdrang und Ihre Abenteuerlust befriedigt, aber vergessen Sie nicht, dass Ihre Hauptinteressen auf philosophischem und kulturellem Gebiet liegen.

Erfüllung finden Sie letztlich nur im Sieg über sich selbst.

Tragen Sie Schicksalsschläge gelassen, denn dadurch reifen Sie zur wahren Persönlichkeit.

Die Zahl

8

8/a Haupteigenschaften

Natürliche Autorität
Kraft
Organisationsvermögen
Willensstärke
Eigenwilligkeit

Praktisch, dynamisch, zuverlässig, zäh.

8/b Allgemein

Achter haben es im Leben nicht leicht. Sieg und Niederlage liegen bei ihnen immer ganz dicht beieinander, doch am Ende des Lebens winken meist Ruhm und Ehre.

Sie leiden unter Ihrer Veranlagung zum Sarkasmus und ziehen sich schnell in sich zurück. Sehr ungünstig ist es, wenn im Geburtsdatum 8 und 4 gemeinsam vorkommen.

Sie haben Verständnis für die Schwächen anderer und setzen gern Ihre Kraft ein, um das Los der anderen zu verbessern.

Sie haben eine angeborene Autorität und Ihre Führungsqualitäten werden sehr geschätzt, obwohl Sie selten beliebt sind.

Sie sind unermüdlich und leisten unglaublich viel, neigen aber dazu, Ihre Kräfte zu überfordern.

Achter streben gewöhnlich nach Macht und Erfolg und haben eine natürliche Begabung für Organisation und Gruppenarbeit.

Sie haben eine starke, tiefe Natur und werden oft missverstanden. Durch Ihre Verbissenheit und Ihren Fanatismus schaffen Sie sich oft Feinde.

Leicht fallen Sie von einem Extrem ins andere. Sie haben eine unerhörte Dynamik, die Sie allerdings gelegentlich auch zerstörerisch einsetzen.

Sie sind verlässlich und tüchtig, ein menschlicher Dynamo, der allerdings auch von seinen Mitarbeitern Höchstleistungen verlangt.

Ihre eigentliche Lebensaufgabe ist es, in sich Harmonie zu verwirklichen, da bei Ihnen karmische Wirkungen unmittelbarer spürbar werden als bei anderen.

8/c Gesundheit

Disposition für alle psychosomatischen Erkrankungen, die durch innere Disharmonie verursacht werden.

Oft schicksalbedingte, langwierige und schmerzhafte Krankheiten.

8/d Liebe und Freundschaft

Da Sie viel missverstanden werden, erleben Sie häufig mehrere Ehen.

In Ihren Gefühlen schwanken Sie von tiefster Verbundenheit bis zum völligen Desinteresse. Sie können heute überschwenglich und zärtlich sein und morgen zerstreut und unaufmerksam. Sie ziehen andere Menschen durch Ihre Dynamik an. Wenn jedoch Ihr Partner ebenfalls eine starke Persönlichkeit ist, kann es viel Streit geben.

Ein Zweier kann ein idealer Partner für Sie sein, wenn er auf Ihre Wechselhaftigkeit eingeht.

Mit Dreiern, Fünfern und Sechsern kommen Sie meist gut zurecht.

Vorsicht bei Einern und anderen Achtern. Hier kommt es häufig zu Streit, weil keiner nachgeben will.

Bei Vierern, Siebenern und Neunern zeigt sich die Tendenz, aneinander vorbei zu leben, wobei beide Seiten zu kurz kommen.

8/e Positiv

Ansehen, Erfolg, Kraft, Vermögen, Planung, Organisation, natürliche Autorität, tüchtig, fähig, unermüdlich, mutig, konzentriert, optimistisch, gerecht, weise, lebhaft, willensstark, praktisch, strebsam, dynamisch, zuverlässig, engagiert, energisch, vertrauenswürdig, loyal, vorsichtig, zäh, arbeitswillig.

8/f Negativ

Fanatisch, hart, kompromisslos, aggressiv, autoritär, verdrossen, unbeherrscht, rachsüchtig, melancholisch, misstrauisch, zerstörerisch, unverstanden, verständnislos, einsam, abrupt, taktlos, selbstsüchtig, schwerfällig.

8/g Empfehlung

Gesundheit: Wichtigste Voraussetzung für Ihre Gesundheit ist es, die Harmonie in sich zu verwirklichen.

Beruf: Organisator, Planer, Unternehmer, Architekt, Offizier, Beamter, Gruppenleiter, Pfarrer, Philosoph.

Allgemein: Erwarten Sie nicht, dass Ihr Partner sich ebenso stark engagiert, wie Sie. Jeder hat das Recht, andere Dinge zu mögen, bzw. die Dinge auf seine Weise zu sehen.

Da Sie zu Extremreaktionen neigen, sollten Sie stets prüfen, ob Ihre Reaktion auch wirklich der Situation angemessen ist.

Tragen Sie Ihr meist schweres Schicksal gelassen, akzeptieren Sie Ihre Situation, da sie stets karmisch bedingt ist.

Nutzen Sie Ihre natürliche Begabung für Organisation und Gruppenarbeit, aber vermeiden Sie Fanatismus.

Erfüllen Sie Ihre eigentliche Lebensaufgabe, in sich die Harmonie zu verwirklichen.

Die Zahl

9

9/a Haupteigenschaften

Tapferkeit
Fairness
Humanität
Ehrlichkeit
Hilfsbereitschaft

Kämpferisch, idealistisch, leidenschaftlich, selbstbewusst.

9/b Allgemein

Sie sind tapfer, anständig und eine ausgesprochene Kämpfernatur. Ihre Jugend verläuft selten ohne grössere Schwierigkeiten, die auf Ihren übergrossen Eifer zurückzuführen sind.

Ihr starker Wille und Ihr Durchsetzungsvermögen lassen Sie beruflich meist sehr erfolgreich werden. Grosszügigkeit und Perfektion sind Ihre Ziele.

Sie versuchen, ohne Behinderung durchs Leben zu gehen, und Freiheit ist ein Schlüsselwort Ihres Lebens. Sie sind auch nicht bereit, grosse Bürden anderer auf Ihre Schultern zu nehmen.

Sie besitzen gute Menschenkenntnisse, handeln jedoch oft gegen diese Erkenntnisse. Sie leben Ihr eigenes Leben und kümmern sich wenig um die Kritik der Umwelt.

Wenn es Ihnen gelingt, die Ihnen gegebenen geistigen Kräfte zu entwickeln, können Sie Hohes erreichen. Sie suchen das Unerklärliche und Übernatürliche.

Sie sind mitfühlend und verständnisvoll und ein Mensch, der viele Feinheiten wahrnimmt, die für andere gar nicht existieren. Sie haben ein hohes Einfühlungsvermögen und eine ungewöhnliche Beobachtungsgabe.

Bedenken Sie aber, dass auch Ihre Kraft nicht unerschöpflich ist.

9/c Gesundheit

Neigung zu Verletzungen durch Tollkühnheit.

Disposition zu Infektionskrankheiten und chronischem Schnupfen.

Besondere Empfindlichkeit der Unterleibsorgane.

9/d Liebe und Freundschaft

Neuner verlieben sich leicht und heftig, und sie wissen ihren Charme geschickt einzusetzen.

Sie sind besonders gefährdet durch betrügerische Freunde, Kunden oder durch schlechte Gesellschaft.

Ehe oder Partnerschaft aber ist Ihnen heilig, denn Sie sind treu und sehr loyal veranlagt und Untreue ist Ihnen fast unmöglich. Gern lösen Sie Schwierigkeiten innerhalb der Familie, und Sie sind überrascht und verletzt, wenn jemand diese Dinge mit Aussenstehenden bespricht.

Vierer, Siebener oder Neuner sind die besten Partner für Sie. Hier finden Sie dauerhaftes Glück.

Vorsicht bei Einern und Fünfern. Der Einer ist Ihnen in den ungünstigsten Punkten zu ähnlich, der Fünfer in wichtigen Punkten zu verschieden.

9/e Positiv

Tapfer, anständig, charmant, liebenswürdig, hilfsbereit, liebevoll, grosszügig, feinfühlig, idealistisch, romantisch, leidenschaftlich, begeisterungsfähig, anziehend, wahrheitsliebend, tolerant, mutig, selbstbewusst, umsichtig, verständnisvoll, unterhaltsam, enthusiastisch, fair, ehrlich, human, wissbegierig, aufmerksam.

9/f Negativ

Jähzornig, leichtsinnig, heftig, übereifrig, launisch, ungeduldig, impulsiv, intolerant, selbstgefällig, hartherzig, egozentrisch, engherzig, sarkastisch, kritisch, tollkühn, reserviert, träumerisch.

9/g Empfehlung

Gesundheit: Bremsen Sie Ihre Tollkühnheit, und Sie vermeiden dadurch viele unnötige Verletzungen.

Sie sollten Ihre Abwehrkraft gegen Infektionskrankheiten durch geeignete Ernährung und Abhärtung steigern.

Beruf: Soldat, Forscher, Erfinder, Schriftsteller, Pilot, Astrologe, Psychologe, Zauberer.

Allgemein: Hüten Sie sich vor allem vor falschen Freunden und schlechter Gesellschaft, weil Ihnen daraus die grössten Gefahren erwachsen.

Halten Sie Ihren Tatendrang und Ihre Tollkühnheit unter Kontrolle, um Gefahren für Leib und Leben zu vermeiden.

Nutzen Sie Ihre Begabung für das Okkulte, und werden Sie Zauberer, Parapsychologe oder Hypnotiseur.

Nehmen Sie Schwierigkeiten in der Jugend gelassen hin, denn der Erfolg im Alter ist Ihnen sicher.

Handeln Sie nicht gegen Ihre hervorragende Menschenkenntnis.

Entwickeln Sie die hohen geistigen Kräfte, die in Ihnen schlummern.

Die Bedeutung der Doppelzahlen

Die Bedeutung der Zahl 10

Sie sind ein aktiver Mensch mit hoher geistiger Beweglichkeit und einem beachtlichen Erfindungsreichtum. Sie werden sicher von sich reden machen. Ein steiler Aufstieg ist möglich, bei negativer Anwendung der starken Kräfte jedoch auch ein steiler Abstieg. Auf jeden Fall sind Sie ein Mensch, der Dinge in Bewegung setzen kann und wird. Sie scheuen keine Mühe, um reformerisch zu wirken, jedoch ist stets der Einfluss des Bösen neben dem Guten vorhanden. Die Aufgabe ist es, das Böse zu erkennen und zu lernen, damit umzugehen. Im Idealfall wird es zum Anlass, bewusst das Gute zu wollen und zu verwirklichen.

Die Bedeutung der Zahl 11

Sie sind eine selbstbewusste Persönlichkeit und haben eine hohe Fähigkeit zu intensivem Erleben. Ausgeprägte Führungseigenschaften, eine starke seelische Motivation und eine hohe Opferbereitschaft sind Ihre Stärken. Sie verfügen über mediale Fähigkeiten, magische Kraft und eine hohe Inspiration, die Sie zu einem Leben auf einer höheren Ebene befähigen. Bei Ihrem Drang, Ihrer Mission dienen zu wollen, ist jedoch darauf zu achten, dass diese klar erkannt wird und sich zum Weg verdichtet. Ihre enorme Ausstrahlung macht die Übernahme der Initiative, gleich wo Sie sind, fast selbstverständlich. Wenn Sie darauf achten, dass Ihre starken Führungskräfte nicht ins Unkontrollierte abgleiten, sind Sie prädestiniert zum Meister, grossen Lehrer oder Propheten.

Die Bedeutung der Zahl 12

Sie sind gutmütig, haben Verständnis für die Nöte anderer und gehen ganz in Ihrer Tätigkeit auf, sodass die Gefahr besteht, dass Sie ausgenützt werden. Auch leiden Sie häufiger als andere unter Intrigen und Verleumdungen durch Ihre Umwelt, doch sind Sie bereit, Sühne zu leisten oder ein Opfer zu bringen, denn es ist Ihre Lebensaufgabe, sich der Familie, den Mitmenschen oder einer Idee zu opfern. Sich opfern heisst in Wirklichkeit, sich selbst finden. Ihre schöpferische Intuition lässt Sie vieles erkennen, das für andere verborgen bleibt, doch leiden Sie darunter, dass Sie trotzdem oft nicht helfen können.

Die Bedeutung der Zahl 13

Sie sind eine starke und dynamische Persönlichkeit, doch kann Ihre Ichbetonung dazu führen, dass Sie Ihre Meinung zu stark, ja aggressiv vertreten, was das Zusammenleben oder das Miteinanderarbeiten erschwert. Auch müssen Sie lernen, Zugeständnisse zu machen und Kompromisse zu schliessen. Vor allem aber besteht Ihre Aufgabe darin, sich von einem materiell orientierten Menschen zu einem spirituellen Menschen umzuwandeln. Die Leidenschaften müssen beherrscht werden. Auch sollten Sie sich nicht immer als Maßstab des Geschehens ansehen und die Meinung der anderen achten und sorgfältig prüfen. Sie müssen stets mit unerwarteten, einschneidenden Ereignissen rechnen.

Die Bedeutung der Zahl 14

Sie haben ein ausgesprochen starkes Selbstbewusstsein und neigen dazu, neue Wege zu gehen. Sie müssen hart an sich arbeiten, sich beherrschen und überwinden lernen, denn wer nicht an sich selbst arbeitet, an dem wird gearbeitet, und das ist meist schmerzhafter. Auch sollten Sie sich vor Pessimismus hüten. Dazu haben Sie auch keinen Grund, denn Sie haben eine starke Persönlichkeitsausstrahlung, werden von anderen anerkannt und Ihre Führungsqualitäten werden nicht in Frage gestellt. Meist werden Sie auf sozialem Gebiet tätig sein, um die materiellen Bedingungen Ihrer Gefolgschaft zu verbessern oder überhaupt erst zu schaffen. Sie neigen dazu, sich aufzulehnen, zu revoltieren, Vorhandenes umzuwälzen oder aufzulösen, und dabei kämpfen Sie meist gegen das Bestehende an. So sollten Sie sich nicht wundern, wenn auch Sie von den Kräften des Bestehenden bekämpft werden. Sinnvoller wäre es, sich als Brückenbauer zu verstehen, der einen Weg weist, wie das Alte mit dem Neuen zu einer sinnvollen Synthese verbunden werden könnte.

Die Bedeutung der Zahl 15

Sie besitzen starke magische wie magnetische Kräfte und eine Ausstrahlung, der sich kaum jemand entziehen kann. Sie sind prädestiniert, um als Magnetiseur, Psychotherapeut, Arzt oder Priester zu helfen und auch Erfolg zu haben. Doch ist auch der falsche Gebrauch der starken Kräfte möglich, und so kommt als Schicksal auf Sie zurück, wie Sie Ihre Kräfte einsetzen. Die Versuchung ist gross, sich durch den Einsatz dieser starken Kräfte Vorteile zu verschaffen und seinen Willen durchzusetzen. Sie erhalten vom Leben das, was Sie geben, denn Magie ist ein Bumerang, der die Kräfte zurückbringt, die ihn geworfen haben — Aufstieg oder Fall. Sie haben Gelegenheit, sich selbst zu Fall zu bringen, oder einen grossen Sprung in Ihrer Entwicklung zu tun. Eine grosse Chance, aber auch eine grosse Versuchung.

Die Bedeutung der Zahl 16

Rechnen Sie mit häufigen und plötzlichen Veränderungen. Sie interessieren sich für Vieles, haben dabei erstaunliche Tiefe der Einsicht und eine hohe seherische Begabung. Auch ein erstaunliches Einfühlungsvermögen, das Sie sogar mitunter selbst verblüfft. Sie sind dynamisch und wissbegierig. Lernen macht Ihnen Spass und fällt Ihnen leicht. Obwohl Sie beweglich, hochintelligent und vorwärtsdrängend sind, haben Sie auch eine Scheu, öffentlich aufzutreten oder in Erscheinung zu treten. Die Vielfalt Ihrer Kräfte und Anlagen droht immer, Sie zu zerreissen, denn Sie streben nicht immer nur in eine Richtung. Es ist sicher nicht einfach, eine solche Persönlichkeit unter Kontrolle zu halten und sein Leben sicher zu führen, aber es gibt keine Alternative. Lernen Sie, das Risiko zu meiden und Ihre Impulsivität zu beherrschen, da sonst Unfälle, Schwierigkeiten, ja Katastrophen nicht auszuschliessen sind. Ein ruhiges Leben haben Sie sicher nicht.

Die Bedeutung der Zahl 17

Sie lieben den Wechsel, fangen viel an, ohne es jedoch zu Ende zu führen. Sie sind ein guter Unterhalter, friedlich und liebevoll, aber auch leicht beeinflussbar. Sie haben eine starke Sehnsucht nach Glück, ohne genau zu wissen, wie dieses Glück aussehen soll. Auch fehlt Ihnen, trotz dieser starken Sehnsucht, die Kraft, das Glück auch zu suchen und zu verwirklichen. Sie schweben oft in zu hohen Bereichen und versäumen so die Realisierung des Machbaren. Dabei fehlt es in Ihrem Leben nicht an Chancen und Möglichkeiten, doch müssten Sie sich aufraffen, diese auch zu nutzen. Da Sie nicht genau wissen, was Sie eigentlich wollen, ist es für Sie schwierig, wirklich ganz zufrieden zu werden und so bleibt für Sie auch das Glück ein Traum, den Sie zwar oft träumen, aber kaum je verwirklichen.

Die Bedeutung der Zahl 18

Sie haben ein starkes Verlangen nach Freundschaft, Zuneigung und Liebe. Dabei droht Ihnen immer Gefahr, von hinterhältigen und falschen Menschen, aber auch durch falsche Lebensweise, vor allem falsche Ernährung. Das gilt materiell wie geistig. Sie haben ein unerfreuliches Karma mitgebracht, dass es nun aufzulösen gilt. Das geschieht vor allem durch die Erkenntnis, dass wahres Glück nicht im materiellen Genuss oder in der Anhäufung von Vermögen liegt, sondern im Streben nach geistiger Erkenntnis und letztlich Erleuchtung. Das Potential dazu haben Sie, jedoch auch eine Reihe von hinderlichen Eigenschaften, die es zu überwinden oder sinnvoll einzusetzen gilt. Vor allem sollten Sie versuchen, zu sich selbst zu finden, damit Sie wirklich in sich ruhen.

Die Bedeutung der Zahl 19

Sie haben Glück im Leben und Erfolge kommen ganz plötzlich in Form von unvorhergesehenen glücklichen Zufällen. Sie sind ein ganz besonderer Mensch und lieben das Aussergewöhnliche in jeder Beziehung. Sie sollten sich jedoch nicht zu sehr auf Ihr Glück verlassen, denn wenn Sie es sich nicht ständig auch verdienen, könnte es Sie eines Tages ganz unerwartet verlassen. Sie haben zwar mehr Glück als andere im Leben, aber vergessen Sie nie, dass wahres Glück nur durch strebende Verwirklichung der Ideale möglich ist. Nur dieses Glück ist dauerhaft und verlässt Sie niemals. Überlassen Sie daher nichts dem Zufall, sondern lenken Sie Ihre vielen Ideen, Gedanken und Einfälle in die richtige Richtung und bleiben Sie mit beiden Beinen auf dem Boden. Dann bleibt Ihnen das Glück treu.

Die Bedeutung der Zahl 20

Sie haben ein ausgeprägtes soziales Gewissen und eine hohe Intuition, verlieren aber leicht den Boden unter den Füssen. Führen Sie daher bewusst Ihr Leben, denn Ihre Aufgabe ist es, zu Ihrem wahren höheren Selbst zu erwachen, um ein Leben auf einer höheren Ebene vorzubereiten. Aus einem Träumer wird ein Erwachter. Dabei hilft Ihnen, dass Sie Ihre feinseitige Intuition sehr gut in eine klare Leitung des Intellektes umsetzen können. Das nützt jedoch nur, wenn Sie auch die Kraft der Selbstdisziplin, vor allem der Gedankendisziplin, aufbringen und der inneren Stimme folgen. Noch besteht die Möglichkeit, sich in Dogmen und religiösem oder sozialem Eifer zu verlieren. Orientieren Sie sich daher stets an der inneren Wirklichkeit und vertrauen Sie der inneren Führung.

Die Bedeutung der Zahl 21

Sie haben sich diesmal viel vorgenommen. Diesmal soll also der Durchbruch erreicht werden. Sie wollen und werden nach der Krone greifen und werden Ihr Ziel auch sicher erreichen, allerdings erst nach vielen Prüfungen und Überwindung der eigenen Schwächen. Am Ende aber steht der Sieg, der Erfolg, die Vollendung. Dabei hilft Ihnen Ihr ausgeprägter Familiensinn. Überhaupt spielt die Familie eine grosse Rolle in Ihrem Leben, und Sie sind auch bereit, alles für die Familie zu tun. Aber die Familie fordert auch viel von Ihnen, und es kann sein, dass Sie sich manches Mal überfordert fühlen. Es handelt sich jedoch stets um karmische Bindungen, die gelöst werden müssen, gleich ob es Ihnen gefällt oder nicht. Ihre seelische Hingabefähigkeit wird es Ihnen erleichtern, auch dieses Problem anzunehmen und aufzulösen, um wirklich frei zu sein für die bereits wartende grössere Aufgabe.

Die Bedeutung der Zahl 22

Sie fühlen sich berufen, und kaum jemand kann sich Ihrer Ausstrahlung und Faszination entziehen. Sie haben hohe Ideale und erkennen die «Illusion des Ich». Vergessen Sie aber nie, dass Ideale und Realität sich nicht immer vereinen lassen, doch verwirklichen Sie trotzdem stets das derzeit Machbare. So ist es Ihre Aufgabe, einzelnen Menschen, aber auch ganzen Gruppen zu Ihrem Recht zu verhelfen. Verlangen Sie aber auch von diesen, dass sie selbst das ihre zum Erfolg beitragen, weil nur so ein wirklicher Erfolg möglich sein kann. Ihre starke Überzeugungs- und Suggestivkraft wird Ihnen dabei helfen, auch wenn es sich um Aufgaben von internationalem Ausmass handelt. Sie sind der Meister, eine geistige Schönheit, die stets in allem vorbildlich denkt, fühlt und handelt und von anderen auch als Vorbild anerkannt wird. Das ist eine hohe Verpflichtung, doch bringen Sie alles mit, um ihr gerecht zu werden. Die Aufgabe ist nicht leicht, aber Sie werden sie lösen.

Die Bedeutung der Zahl 23

Sie haben in jeder Situation Hilfe von oben durch Vorgesetzte und einflussreiche Beschützer. Das sollte jedoch kein Grund sein, sich mit jeder Autorität und der «Gesellschaft» anzulegen. Geben sie Ihrem inneren Bedürfnis nach Ästhetik, Kultur, nach der Schönheit des Lebens und innerer Harmonie mehr Raum, und hören Sie auf, ständig zu kämpfen. Nicht umsonst heisst es: «Kampf ist Krampf». Setzen Sie sich für das Gute, Edle, Aufbauende ein, anstatt nur gegen das weniger Gute und Destruktive zu kämpfen. Solange Sie selbst noch gegen etwas ankämpfen, sind Sie selbst in Gefahr, autoritär zu werden. Veredeln Sie vor allem Ihre hohen Anlagen, und verwirklichen Sie den in Ihnen liegenden strengen Massstab. Fordern Sie nicht die Führung, sondern seien Sie das leuchtende Vorbild, das die anderen brauchen, dann fällt Ihnen die Führung ohnehin in den Schoss. Bei allem Erreichten aber stets das höchste Ziel im Auge behalten.

Die Bedeutung der Zahl 24

Sie lieben Schönheit und Harmonie, haben aber auch schöpferische Tatkraft in sich. Das Gute in Ihrem Leben kommt Ihnen von anderen Menschen durch glückliche Liebesbeziehungen oder nützliche Teilhaberschaften. Vergessen Sie nicht, die Dankbarkeit in Form von selbstlosen Handlungen zu zeigen. Hüten Sie sich auch vor spontanen, unüberlegten Handlungen und lenken Sie Ihr starkes, aber unbestimmtes Wollen und Sehnen in die richtigen Bahnen. Sublimieren Sie grobstoffliche Interessen und verwirklichen Sie ein Leben in seelisch, körperlicher Harmonie. Beweisen Sie Ihren guten Geschmack und umgeben Sie sich mit schönen Dingen, die Ihrem Bedürnis nach Ästhetik entsprechen. Kultivieren Sie besonders Ihre Sinneswahrnehmung und achten Sie darauf, was Sie sehen, lesen und hören. Werden Sie auch geistig ein Feinschmecker, der seine Sinne stets mit dem Besten verwöhnt. Nutzen Sie Ihre natürliche Anziehungskraft nicht zum eigenen Vorteil, sondern um anderen zu helfen und zu sich selbst zu finden.

Die Bedeutung der Zahl 25

Sie haben eine hohe innere Grösse und Stärke, die jedoch noch nicht ausreichend entwickelt ist. So werden Sie sich ein Leben lang mit den Sie umgebenden Umständen auseinandersetzen müssen. Auch die körperliche Situation spielt bei Ihnen eine grosse Rolle, denn Ihre Gesundheit ist mehr als bei anderen von Ihrer Ernährung in Ihrem Verhalten abhängig. Fehler können Sie sich auf diesem Gebiet nicht leisten, und so sollten Sie sich einer natürlichen Vollwertkost zuwenden, aber auch Ihren Körper entsprechend trainieren. So können Sie trotz dieser Schwachstelle beachtliche Gesundheit erreichen und ein hohes Alter, aber es fällt Ihnen nicht in den Schoss. Sie haben meist eine schwierige Jugend, gewinnen aber durch ein bewusstes Leben reichlich an Erfahrung und haben daher in späteren Jahren meist besondere Erfolge. Es ist nicht Ihre Aufgabe, ein Vermögen anzuhäufen, aber Sie eignen sich gut zur Verwaltung eines Vermögens. Hüten Sie sich jedoch vor Spekulationen oder besonders günstigen Gelegenheiten. Sie würden nur verlieren. Sichern Sie jeden Schritt, den Sie tun, sorgfältig ab, dann ist Ihnen der Erfolg sicher.

Die Bedeutung der Zahl 26

Sie möchten gern von den anderen geachtet werden und sind stark von der Haltung abhängig, mit der Ihnen andere begegnen. Machen sie sich frei davon, indem Sie selbst den anderen achtungsvoll begegnen, aber zu enge Kontakte meiden. Vorsicht vor Partnern und Teilhaberschaften ganz allgemein, auch vor schlechten Ratgebern. Achten Sie besonders auf juristische Verwicklungen. Lassen Sie sich von anderen nicht in etwas hineinziehen, das Sie nicht überblicken. Wo immer es möglich ist, bleiben Sie allein und selbständig. Sie sind sehr feinfühlig und dadurch innerlich sehr verwundbar. Räumen Sie daher jedem Menschen von vornherein das Recht ein, so zu sein, wie er nun einmal ist und erwarten Sie nicht, dass er sich besonders edel verhalten müsse. Sie würden nur enttäuscht. Meiden Sie auch verlockende Angebote. Schaffen Sie sich Ihre eigenen Chance, — dann ist das Leben auf Ihrer Seite.

Die Bedeutung der Zahl 27

Sie haben ein ausgeprägtes Bedürfnis nach ästhetischer Schönheit und Harmonie, das aber mehr wahrnehmend als eigenschöpferisch ist, obwohl Sie durchaus in der Lage sind, Grosses zu schaffen, wenn Sie sich zur entschlossenen Tat aufraffen. Denn Ihre vielfältigen Möglichkeiten erlauben es Ihnen, in vielen Richtungen und auf vielen Gebieten erfolgreich zu sein. Der Erfolg aber kommt zu Ihnen stets nur nach eigener Anstrengung. Es wird Ihnen in diesem Leben nichts geschenkt. Wichtig ist also, dass Sie Ihre Unentschlossenheit bekämpfen und überwinden und Ihre vielschichtigen Möglichkeiten auf ein Ziel konzentrieren. Vor allem aber sollten Sie sich selbst treu bleiben, dann gibt es fast nichts, was Sie nicht erreichen könnten, auch wenn Sie öfter als andere von vorn anfangen müssen. Letztlich erreichen Sie Ihr Ziel.

Die Bedeutung der Zahl 28

Ihr verfeinertes Nervensystem braucht einen gesunden Körper. Sorgen Sie daher stets dafür, dass Sie natürlich leben, und denken Sie daran, dass Sie ein «geistiger Feinschmecker» sind. Meiden Sie grobe Eindrücke und verfeinern Sie Ihre Anlage, aber vergessen Sie darüber nicht die Bedürnisse Ihres Körpers. Ausreichend Bewegung und ein tägliches Training sind speziell bei Ihnen unerlässlich. Es besteht auch eine Neigung, sich höher einzuschätzen, als es der tatsächlichen Kapazität entspricht, wodurch man sich nicht gerade beliebt macht. Daraus ergibt sich die Aufgabe, Demut und Bescheidenheit zu lernen. Wer Bescheid weiss, ist ohnehin bescheiden. Trotzdem sind Sie zu besonderen Leistungen ausersehen und auch befähigt. Voraussetzung ist, dass die innewohnenden Möglichkeiten erkannt und genutzt werden.

Die Bedeutung der Zahl 29

Sie sind ein Idealist und ein Träumer, ein Visionär mit einem starken Sendungsbewusstsein, wobei der Inhalt der Sendung meist noch etwas diffus ist und zunächst geklärt werden sollte. Auch muss die Tendenz zum aggressiven Vertreten der eigenen Mission erkannt und aufgelöst werden. Sie sind ohne Zweifel eine Führernatur, von der Initiativen und Impulse ausgehen. Und doch hat dieses Leben harte Prüfungen für Sie bereit. Besondere Vorsicht ist in Partnerangelegenheiten geboten, denn Enttäuschung und Verrat durch unzuverlässige Freunde liegt nahe. Auch Kummer in Liebe und Ehe kann nur durch besonders liebevolle Zuneigung und Zuwendung vermieden werden. Hierbei muss wieder der starke Durchsetzungswille unter Kontrolle gehalten werden, weil sonst eine Konfrontation unvermeidlich ist. Hier will eine grosse Persönlichkeit einen Sprung nach vorn tun, wird aber meist noch stark unter den «Geburtswehen» zu leiden haben.

Die Bedeutung der Zahl 30

Sie schätzen einen kultivierten Lebensstil, die Beschäftigung mit hochgeistigen Gedanken, und Sie haben vielseitige Gaben. Auffällig ist jedoch eine starke Betonung des Selbstwertgefühls und das Bemühen, noch mehr zu scheinen, als Sie es ohnehin schon tun. Oft besteht auch eine Neigung, sich mit Familientradition, Wappenforschung und Ahnenkunde zu befassen, in der Absicht, das eigene Bild noch mehr zu untermauern. Dabei ist das überhaupt nicht erforderlich, denn Ihre Persönlichkeit hat flair und auch Gewicht, was Ihnen den Kontakt zur Umwelt sehr erleichtert, denn es öffnen sich Ihnen viele Türen wie von selbst. So ist es kein Wunder, dass Sie in Vereinen, Vorständen und in der Politik zu finden sind. Dabei sollten sie irdische Erfolge weniger anstreben als geistige, philosophische oder wissenschaftliche. Unter dieser Zahl bestimmen Sie Ihr Leben neu. Es bieten sich vielfältige Möglichkeiten, und Sie können eine ganz neue Richtung einschlagen. Wählen Sie daher gut, die Chance kommt so schnell nicht wieder.

Die Bedeutung der Zahl 31

Sie verfügen über starke Kräfte, die jedoch nicht gleichgerichtet sind, sondern sich gegenseitig stören. Sie haben eine ausgeprägte Fähigkeit zur Innenschau, zum passiven, tiefgründigen Erleben. Auf der anderen Seite werden Sie beflügelt von einem starken Aktionsdrang, der Ihnen selten die Ruhe lässt, zur erwünschten Verinnerlichung zu kommen. So bleibt oft ein Gefühl des Nichterfülltseins zurück oder der Entbehrung. Die Aufgabe ist eindeutig; lernen Sie, beide Kräfte zu nutzen, je zu ihrer Zeit, und ihr Leben wird reicher sein als das der meisten anderen. Werden diese Kräfte nicht beherrscht, können sie eine Persönlichkeit zerreissen oder doch zermürben. Zumindest kostet es viel Kraft, sie ständig unter Kontrolle zu halten. Werden diese Kräfte jedoch nicht nur beherrscht, sondern zu einer harmonischen Persönlichkeit verschmolzen, in der jede Kraft zur Geltung und zum sinnvollen Einsatz kommen kann, ergeben sich beneidenswerte Möglichkeiten, über die nur wenige verfügen.

Die Bedeutung der Zahl 32

Ihre Zukunftsaussichten sind sehr günstig, wenn Sie die vielfältigen Anlagen der eigenen Persönlichkeit mit Fleiss, Geduld und Ausdauer zur Vollendung führen. Auch Ihnen bieten sich zahlreiche Chancen, die jedoch richtig beurteilt und genutzt werden müssen. Dabei hilft Ihnen Ihre fast magische Ausstrahlung und Kraft, die jedoch Versuchung und Chance zugleich ist, denn segensreich wirkt sie nur, wenn sie in der richtigen Richtung zum Einsatz kommt. Falsch angewandt, kann sie Sie um Inkarnationen zurückwerfen. Bevor Sie daher etwas in Gang setzen, verarbeiten Sie die Möglichkeiten, und denken Sie alles gründlich bis zu Ende durch, damit das Ergebnis Sie sicher einen Schritt nach vorn bringt. Das ist besonders wichtig, wenn Sie andere zum Handeln veranlassen. Behalten Sie in jeder Situation das wache Bewusstsein, und handeln Sie nur aus der höchsten Erkenntnis heraus. Vermeiden Sie auch, Ihre Feinfühligkeit groben Eindrücken auszusetzen.

Die Bedeutung der Zahl 33

Sie sind eine besondere Persönlichkeit mit grossartigen Möglichkeiten, selbständig und schöpferisch Grosses zu leisten, oder eine grosse Idee zu verwirklichen. Immer wieder ergeben sich glückliche Zufälle, und Sie spüren deutlich die Hilfe von oben. Vor allem ergeben sich Vorteile durch Liebe und Ehe, aber auch Freundschaften. Immer wieder wollen andere etwas für Sie tun. Nehmen Sie das ruhig an, aber vergessen Sie die Dankbarkeit nicht durch selbstlose Leistungen. Letztlich kann jeder nur soviel bekommen, wie er gibt. Versuchen Sie jedoch nicht, Ihre Person in den Mittelpunkt zu stellen, denn Sie bleiben immer, in gewisser Weise, ein Aussenseiter. Einen besonderen Bezug haben Sie zu den Naturgesetzen. Sie erkennen nichtmaterielle Bezüge, Kräfte und Verhältnisse mit einer fast unglaublichen Durchsicht und haben zudem noch die Fähigkeit, daraus Brauchbares für das tägliche Leben abzuleiten. Um diese Fähigkeit wird man Sie beneiden. Wenngleich die Versuchung gering ist, so ist sie doch vorhanden, nämlich diese Kräfte und Erkenntnisse zum eigenen Vorteil einzusetzen. Sollte Ihnen einmal der Gedanke kommen, dann vergessen Sie ihn besser für immer. Ansonsten kann fast nichts den Erfolg aufhalten.

Die Bedeutung der Zahl 34

Ihre Aufgabe ist es, den Anspruch, den Sie geltend machen, durch echte Werte zu ersetzen, die es Ihnen ermöglichen, jeden Anspruch fallen zu lassen und wirklich Sie selbst zu sein. Nicht mehr scheinen wollen als sein. Hüten Sie sich auch vor Selbstüberschätzung und dämpfen Sie Ihre Impulsivität. Sie haben eine hohe geistige Kraft und der Erfolg ist Ihnen sicher, wenn Sie Ihren Weg nach Ihrer eigenen Lebenserfahrung wählen und sich nicht von der Umwelt in eine andere Richtung drängen lassen. Sie haben die Fähigkeit, aus der Erfahrung zu lernen, und so sollten Sie lernen, nicht nur aus den eigenen Erfahrungen zu lernen sondern auch aus den Erfahrungen der anderen. Sie wären ein vorzüglicher Soldat und Offizier und werden sicher Ihren Weg machen. Haben Sie Geduld.

Die Bedeutung der Zahl 35

Jupiter und Mondkraft bestimmen Ihre Persönlichkeit. Die Jupiterkraft bringt Weisheit, Fülle und Glück, die Mondkraft Hingabe und starkes passives Erleben. Ihre Aufgabe ist es, diese beiden Kräfte zu einer sinnvollen Synthese zu verschmelzen. Dann haben Sie die Chance, eine Persönlichkeit zu werden, wie sie nur ganz selten zu finden ist. Eine Persönlichkeit, die in sich ruht, voller Weisheit und Güte, die wissend über den Dingen steht und die Wirklichkeit hinter dem Schein erkennt. Dazu muss jedoch die Neigung ausgeglichen werden, den Dingen ihren Lauf zu lassen, sich spontan für etwas zu entscheiden und seinem Gefühl zu folgen. Es wird Ihnen zwar trotzdem gelingen, sich Lebensglück zu sichern, aber die wirkliche Erfüllung dieser grossen Chance erreichen Sie nur, wenn Sie der inneren Weisheit folgen und der werden, der Sie in Wirklichkeit sind.

Die Bedeutung der Zahl 36

Trauen Sie nur dem eigenen Urteil, und folgen Sie günstigen Angeboten nur nach gründlicher Prüfung. Halten Sie Ihr ausgeprägtes Geltungsbedürfnis unter Kontrolle, weil Sie sich sonst manche entgegengebrachte Zuneigung wieder verscherzen. Nur so können Sie den Lohn der eigenen Leistung erfahren. Sie haben die Aufgabe aber auch die Fähigkeit, mit dieser Energie Ihr Karma nachhaltig zu verbessern. Sie erreichen das durch selbstlose Hilfe für den Nächsten und Erfüllung durch Selbstlosigkeit. Entwickeln Sie die in Ihnen angelegten grossen Geisteskräfte, und halten Sie Ihre Triebhaftigkeit unter Kontrolle. Verzichten Sie bewusst auf die Versuchung, sich im besten Licht zeigen zu wollen, und folgen Sie der Vernunft. So können die starken Triebkräfte allmählich sublimiert werden, und Sie finden zu Bescheidenheit. Dann können Sie einen grossen Schritt nach vorn tun.

Die Bedeutung der Zahl 37

Sie haben zwar oft unerwartet Glück in der Liebe und Freundschaft, aber wenn Sie Ihr mitgebrachtes Karma nachhaltig verbessern wollen, müssen Sie sich von den leichten Erfolgen abwenden und nicht nur die Befriedigung der Instinkte suchen. Hier haben Sie zwar leichtes Spiel, geraten aber in die falsche Richtung. Sie fühlen sich häufig zu Partnern hingezogen, die ein niedrigeres Persönlichkeitsniveau haben und reden sich gern ein, dem anderen helfen zu können und ihn zu erheben. Der Misserfolg ist hier vorprogrammiert, weil der andere gar nicht bereit ist, sich erheben zu lassen. Hilfreich wäre es, schon früh zu erkennen, dass Sie sich besser einem Leben in Mässigkeit zuwenden sollten, wobei auch das Masshalten im Masshalten nicht zu vergessen ist, denn jede Übertreibung schlägt oft ins Gegenteil um. Suchen Sie die Gesellschaft und Freundschaft von Menschen, die sich aktiv um ihre Höherentwicklung bemühen, dann erfahren Sie die beste Unterstützung bei der Förderung der eigenen Entwicklung. So haben Sie eine glückliche zweite Lebenshälfte und einen sorgenfreien Lebensabend vor sich.

Die Bedeutung der Zahl 38

Sie haben die besten Voraussetzungen zu einer wirklichen Führungspersönlichkeit in sich, aber etwas zuviel Selbstbehauptungswillen, der andere mitunter vor den Kopf stösst. Besondere Vorsicht ist bei Ihren Äusserungen geboten, weil diese immer wieder einmal gegen Sie verwendet werden, da Sie sich zu stark exponieren. Lernen Sie, Ihre oft überstarken Antriebe in die richtige Richtung zu lenken, dann können Sie fast alles erreichen. Lassen Sie sich aber nicht vom eigenen Tun mitreissen, sondern behalten Sie in jeder Situation die Übersicht. Prüfen Sie auch immer wieder aufs Neue, ob die Richtung noch stimmt, ob Ihr Tun wirklich zu dem erklärten Ziel führt. Vorsicht auch bei Partnerschaften. Hier ist nicht alles Gold, was glänzt. Entwickeln Sie eine reale Einstellung zum Leben und vermeiden Sie, sich in unbestimmten Visionen zu verlieren oder zu verzetteln. So können Sie einer grossen Idee zum Durchbruch verhelfen und sich selbst dabei verwirklichen.

Die Bedeutung der Zahl 39

Sie sind der geborene Menschenkenner und haben eine hohe Intuition. Tiefgründiges, philosophisches Denken und präzise Ausdrucksweise in Wort und Schrift ist Ihre Stärke. Auch haben Sie eine fast schon übersinnliche Beobachtungsgabe, doch müssen diese Anlagen natürlich erst erarbeitet werden, ehe sie Ihnen voll zur Verfügung stehen. Diese grossartigen Möglichkeiten können jedoch auch dazu verleiten, das Leben von der leichten Seite zu nehmen. Schliesslich gelingt Ihnen ja ohnehin fast alles, ohne dass Sie sich besonders anstrengen. Dieser Versuchung gilt es zu widerstehen, weil sonst eine grosse Chance vertan wird, die Sie sich mühsam erarbeitet haben. Bei richtiger Anwendung Ihrer Möglichkeiten führt Ihr Weg über das gründliche NACHDENKEN zu Weisheit und geistiger Macht. Am Ende steht der Sieg des Geistes über die Materie.

Die Bedeutung der Zahl 40

Diese Zahl führt zu starker geistiger Tätigkeit zu menschlicher Vereinsamung. Denken Sie daher stets auch an den entsprechenden Ausgleich, bei allem, was Sie tun. Jede Einseitigkeit führt zu Disharmonie und letztlich zu Krankheit und Leid. Meiden Sie alle Extreme, und lernen Sie auch, Ihre extremen Stimmungen zu beherrschen und die innewohnenden Kräfte behutsam aber sicher, in die gewünschte Richtung zu lenken. Ihre Aufgabe ist es, einen Ausgleich der Kräfte herbeizuführen, um selbst eine harmonische Persönlichkeit zu werden. Alle Voraussetzungen sind gegeben; nun kommt es darauf an, was Sie daraus machen. Ein guter Weg zu diesem Ziel ist die Genügsamkeit. Masshalten lernen, aber auch hier: Extreme vermeiden. Stets auch ans Masshalten im Masshalten denken. Wenn Sie Ihre starke Einsiedlerneigung durch gute Kontakte ausgleichen, sind Ihnen geistige Erfolge sicher ohne den Preis der Einsamkeit.

Die Bedeutung der Zahl 41

Sie haben magische Kräfte und viel Hilfe aus dem Unsichtbaren. Ihre Aufgabe ist die Selbstdisziplin, denn nur so vermeiden Sie, ein Glücksritter und Abenteurer zu werden. Zwar bleibt Ihnen das Glück hold. Sie können sich fast darauf verlassen, aber der Weg führt entweder zu einem ungeahnten Aufstieg unter Entfaltung der grossartigen Möglichkeiten oder nur zu einem persönlichen Scheinerfolg für diese Inkarnation. Denken Sie stets daran, dass Sie alles hier Erworbene zurücklassen müssen, wenn Sie eines Tages nach Hause gehen dürfen. Nur Ihren erworbenen geistigen Reichtum nehmen Sie mit und können ihn für alle Zukunft einsetzen. Doch welchen Weg Sie auch wählen, Sie werden der Natur manches Geheimnis abjagen und auf beiden Wegen zu Glück, Geld und Ruhm kommen. Wenn Sie nur den geistigen Weg wählen, wird der äussere Eindruck nur ein Bruchteil Ihres inneren Reichtums darstellen. Nutzen Sie daher Ihre Möglichkeiten gut, denn diese Chanche kommt so schnell nicht wieder.

Die Bedeutung der Zahl 42

Sie übernehmen ganz selbstverständlich die Führung, wo immer Sie auch sind. Sie sind beweglich und stecken voller Tatkraft. Es liegt Ihnen, die Initiative zu ergreifen, und Sie bewältigen Hindernisse mit grossem Mut und ohne lange Besinnung. Doch gelegentlich ist es besser, erst gründlich zu prüfen und dann zu handeln. Bleiben Sie weiterhin spontan, aber seien Sie auch wachsam, vor allem achtsam. Meiden Sie unnötige Risiken und allzu sportlichen Ehrgeiz wie überhaupt alles Übermass. Erfreuen Sie sich weiterhin Ihrer Kraft und Leistungsfähigkeit, aber machen Sie weisen Gebrauch davon. Sie haben auch künstlerische Talente, die bei Ihrer sportlichen Einstellung zum Leben mitunter übersehen werden. Entfalten Sie Ihre volle Persönlichkeit, und bremsen Sie Ihre Risikofreudigkeit, die daher kommt, dass Sie auch schwierige Situationen mit Bravour meistern können, — doch mit geringerem Risiko erreichen Sie mehr. Sie können zudem stets mit der Hilfe und Förderung durch andere rechnen, durch die Liebe, die Ihnen entgegengebracht wird.

Die Bedeutung der Zahl 43

Sie haben eine dynamische Intelligenz und ergreifen gern die Initiative. Beherrschen Sie Ihre Impulsivität und lernen Sie, Ihre Kraft in die richtige Richtung zu lenken. Ihre Aufgabe besteht vor allem darin, alles, was Sie anfassen zu verfeinern und zu verbessern. Das sollte jedoch nicht mit missionarischem Eifer sondern mit Verständnis und Fingerspitzengefühl geschehen. Seien Sie eine Chance für Ihre Mitmenschen und überlassen Sie es dem anderen, ob er sie ergreifen will. Achten Sie darauf, dass Sie Ihre eigene Kultur ebenfalls weiter verfeinern, und stellen Sie sich nicht unbedingt auf das Niveau anderer ein. Sie haben starke Erfolgsmöglichkeiten aber auch viele Feinde und falsche Freunde. Seien Sie daher achtsam und erkennen Sie die Wirklichkeit hinter dem Schein. Vermeiden Sie Streit in jeder Form, besonders dann, wenn Sie «gewinnen» könnten, denn in einem Streit gibt es nur Verlierer. Vermeiden Sie auch, Ihre vielfältigen Talente zu zersplittern, sondern lenken Sie Ihr Interesse und alle Kraft möglichst in eine Richtung, dann ist Ihnen der Erfolg sicher.

Die Bedeutung der Zahl 44

Ihr gutmütiges Vertrauen wird Ihnen so manchen Verlust eintragen. Sie sollten daher stets das Wort beachten: «Vertrauen ist gut, Kontrolle ist besser». Machen Sie bei Partnerschaften vor allem sichere Verträge, und treffen Sie klare Absprachen, um «Missverständnisse» zu vermeiden. Ärger und Fehlschläge kommen bei Ihnen vor allem durch Partner, gleich auf welcher Ebene, selten durch eigenes Versagen. Da Sie dies wissen, können Sie sich entsprechend einrichten und diese Schwachstelle zu Ihrer Stärke machen, die anderen zum Vorbild werden kann. Zuviel Sicherheit kann es gar nicht geben, wohl aber zuwenig. Lernen Sie auch, Ihre Stimmungen zu beherrschen, damit Sie nicht mehr von Ihren Stimmungen beherrscht werden. Nur so kann sich Ihre Tatkraft voll entfalten. Auch Ihre Nerven sind nicht so belastbar wie bei anderen. Dafür haben Sie ein feines Gespür für eine Situation und schon fast einen übersinnlichen Durchblick, der Ihnen in jeder Situation helfen wird, das Richtige zu tun, wenn Sie auf die innere Stimme hören.

Die Bedeutung der Zahl 45

Sie haben einen wachen Intellekt, sind sehr kreativ und haben hervorragende Führungseigenschaften. Lassen Sie sich jedoch nicht von anderen beeinflussen, denn Ihre innere Stimme ist ein sicherer Führer, besonders dann, wenn eine Entscheidung getroffen werden muss, ohne dass hierfür ausreichend Informationen zur Verfügung stehen. Sie können sich auf sich selbst verlassen, und das sollten sie auch tun. Sie haben eine ungewöhnliche Begabung, auch in schwierigen Situationen ausgleichend und harmonisierend zu wirken. Diese Stärke befähigt Sie besonders zu einem beratenden Beruf. Als Unternehmensberater, Arzt, Psychotherapeut, Psychologe, Architekt, usw. werden Sie sicher beachtlichen Erfolg haben. Am liebsten aber helfen Sie Menschen in der Not, sodass Sie auch Entwicklungshelfer oder Sozialhelfer werden könnten. Wichtig ist, dass Sie bei allem nicht in zu grossen Eifer geraten und nicht mit Fanatismus sondern mit verstehender Liebe helfen. Die Beratung sollte keine Überredung sein. Durch eigene hohe Leistung aber ist Ihnen auch hoher Lohn sicher, materiell wie geistig.

Die Bedeutung der Zahl 46

Sie haben eine gute Intuition und eine angeborene Menschenkenntnis. Ihr Gespür für die Wirklichkeit hinter dem Schein ist schon ungewöhnlich, doch sollten Sie auch nach der eigenen Erkenntnis handeln und sich nicht trotzdem von anderen zum Gegenteil verleiten lassen. Sie haben eine feine Kultur und ein starkes Bedürfnis nach Ästhetik und allem Schönen. Ihre Aufgabe ist die geistige Ebene, und dort sollten Sie auch Ihr Betätigungsfeld suchen. Gute Liebesbeziehungen und verlässliche Freundschaften begleiten Sie auf Ihrem interessanten Lebensweg. Sie haben ein feinfühliges Talent für alles Transzendente, sollten sich aber hüten, Ihre Fähigkeiten auf die Magie auszudehnen. Sie hätten zwar auch dort Erfolg, aber der Preis wäre zu hoch. Sie haben jedoch magnetische Ausstrahlung und die Fähigkeit zum magnetischen Heilen. Hüten Sie sich vor Massen.

Die Bedeutung der Zahl 47

Sie sind eine besondere Persönlichkeit, mit sehr vielseitigen Möglichkeiten und einer ungewöhnlichen Ausstrahlungskraft, die auf andere fast magisch anziehend wirkt. Das erleichtert Ihnen vieles im Leben. Doch gerade deswegen sollten Sie das Leben nicht zu leicht nehmen, sondern trotzdem in die Tiefe gehen, gründlicher sein als andere. Seien Sie auch vorsichtig bei der Auswahl Ihrer Freunde. Nicht jeder, der sich so nennt, ist es auch in Wirklichkeit. Ihre liebenswürdige Art folgt hohen Idealen, ist aber auch immer wieder für eine Überraschung gut, denn Ihr Leben verläuft keineswegs gleichmässig, auch wenn Sie von Ihrem Wesen her das Gleichmass anstreben und die Harmonie suchen. Finden werden Sie sie nicht in der äusseren Welt sondern nur in Ihrem Inneren, und das ist auch die Ebene, wo Ihre Hauptaufgabe liegt. Wenden Sie sich nach innen, aber werden Sie nicht zum idealistischen Träumer, sondern verwirklichen Sie Ihren Traum. Sie haben das Zeug dazu.

Die Bedeutung der Zahl 48

Ihnen fällt es schwer, sich zu entscheiden, denn stets sind Ihnen beide Möglichkeiten klar bewusst und beide bieten interessante Aussichten. So liegt es nahe, dass Sie mitunter wegen zu vielen, guten Möglichkeiten gar nichts tun, weil Sie sich nicht entscheiden können. Keine Entscheidung ist aber mit Sicherheit eine falsche Entscheidung. Verpassen Sie nicht, durch zu langes Überlegen, den richtigen Augenblick. Ihre Freunde, und nicht nur die, werden immer wieder einmal verblüfft durch Ihr Schwanken zwischen leiblichem Genuss, materiellem Streben und einer geradezu aristokratischen Zurückhaltung und Vornehmheit. Beide Anlagen liegen in Ihnen, und es ist Ihre Aufgabe, der einen den Vorzug zu geben. Entscheiden Sie sich richtig, denn damit werden die Weichen nicht nur für dieses Leben gestellt. Sie haben die Fähigkeit, aus Blei Gold, aus Niederem etwas Höheres zu machen. Nutzen Sie diese Möglichkeit nicht nur zu Ihrem Vorteil, sondern vergessen Sie selbstlose Taten nicht als Dank für diese wunderbare Gabe.

Die Bedeutung der Zahl 49

Ihre Aufgabe ist es, die eigene Persönlichkeit zu entwickeln und zu festigen. Das geschieht nicht durch ein falsches Selbstbewusstsein, indem Sie Ihr Ego stärken, sondern durch Entwicklung der vorhandenen guten Anlagen und deren Nutzung und Anwendung im praktischen Leben. Seien Sie also kein Mauerblümchen und halten Sie Ihre Schüchternheit nicht für vornehme Zurückhaltung, sondern lernen Sie, den Aufgaben des Lebens freudig entgegenzusehen, sie anzupacken und einer Lösung zuzuführen. Das ist viel einfacher, als Sie jetzt noch glauben und sollte zu Ihrer festen Gewohnheit werden. Gehen Sie also aus sich heraus, und folgen Sie nicht Ihrem Hang zur Einsamkeit und Einsiedelei. Suchen und finden Sie die eigene Mitte, und denken, fühlen und handeln Sie aus dieser Mitte heraus. Dieses Leben dient der Vorbereitung zu einer hohen Entwicklung. Aber jetzt muss das Fundament gelegt werden, — sonst steht alles auf unsicheren Füssen, was folgt. Das Leben wartet auf Sie, nehmen Sie es in Besitz und machen Sie das Beste daraus.

Die Bedeutung der Zahl 50

Sie haben magische Kraft und Ihr sechster Sinn lässt Sie rechtzeitig das Richtige erkennen. Trauen Sie daher dem eigenen Urteil, es ist bestens fundiert, doch ist es nur für Sie wirklich verbindlich. Lassen Sie andere ruhig entscheiden. Sie sind Ihre Hauptaufgabe, nicht die anderen. Im entscheidenden Augenblick werden Sie stets Hilfe von aussen und von oben aus dem Unsichtbaren erfahren, doch versäumen Sie nicht, auch das Ihre beizutragen und sich nicht nur darauf zu verlassen. Nur wer sät, kann auch ernten. Ihre Intuition und Ihre sichere innere Erkenntnisfähigkeit befähigen Sie, auch anderen den Weg zu weisen. Doch werden Sie damit immer wieder Undankbarkeit und Unverständnis ernten. Seien Sie also damit sehr zurückhaltend, und geben Sie Ihren fundierten Rat nur, wenn er auch erwünscht ist und nicht stets dann, wenn es Ihnen notwendig erscheint. Sonst werden Sie zum Aussenseiter und verbrauchen einen Grossteil Ihrer Kräfte für einen nutzlosen Kampf.

Die Bedeutung der Zahl 51

Sie sind eine Führernatur mit gutem Charakter und besten Erfolgsaussichten im Leben. Sie verlangen viel von sich, aber auch von den anderen. Feinde schaffen Sie sich mitunter durch Ihre zu grosse Offenheit. Sie haben einen sechsten Sinn und begreifen Zusammenhänge, die für andere undurchschaubar sind. Das ermöglicht Ihnen, in Bereiche einzudringen, die für andere verschlossen sind. Nutzen Sie diese grossartigen Möglichkeiten vor allem, um sich selbst geistig noch weiter zu entwickeln, denn in diesem Leben können Sie einen Sprung vorwärts machen. Achten Sie aber darauf, dass Sie Ihre Fähigkeiten nicht unbedacht oder gar absichtlich gegen andere Menschen einsetzen. Dadurch wäre nicht nur eine grosse Chance vertan, — dies würde Sie auch in diesem Leben weit zurückwerfen. Statt dem Ganzen dienen zu können, würden Sie als Aussenseiter von den anderen bekämpft werden. Richten Sie aber Ihr Bewusstsein vor allem auf die Arbeit an sich, und lassen Sie dieses erweiterte Bewusstsein als Dienst an der Allgemeinheit zum Ausdruck kommen, dann nutzen Sie Ihre Chance optimal und ein grosser Erfolg ist Ihnen sicher.

Die Bedeutung der Zahl 52

Ihnen fällt es leicht, stets die Initiative zu ergreifen, aber Sie sollten Ihre Impulsivität bremsen. «Erst wägs, dann wags, erst denks, dann sags» könnte Ihre Devise sein. Erst dadurch könnten sich die in Ihnen angelegten, grossartigen Fähigkeiten voll segensreich auswirken. Auch müssten Sie die Fähigkeit entwickeln, grosse Dinge nicht nur zu beginnen sondern auch durchzuhalten, denn nicht das Beginnen, nur das Durchhalten wird belohnt. Erkennen Sie Ihre grossartigen Möglichkeiten, aber auch Ihre Grenzen. So können Sie Ihre Fähigkeiten optimal einsetzen und Ihre Schwächen allmählich sogar in Stärken umwandeln. Erwarten Sie also nicht immer, dass Ihnen der Erfolg gleich beim ersten Anlauf zufallen müsse, obwohl dies oft genug geschehen wird. Der wirklich Erfolgreiche nutzt jeden Misserfolg als Sprungbrett für den endgültigen Erfolg und beschliesst letztlich jedes Vorhaben erfolgreich. Es liegt an Ihnen, ebenfalls zu diesen wirklichen Erfolgreichen zu gehören. Sie haben die besten Voraussetzungen dazu.

Die Bedeutung der Zahl 53

Sie haben meist eine schwierige Jugend, aber grosse Erfolge im Alter, bzw. in der zweiten Lebenshälfte. Sie haben ein ausgeprägtes Selbstbewusstsein und damit die Aufgabe, Bescheidenheit und Zurückhaltung zu üben, was Ihnen sicher nicht immer leicht fallen wird. Die grössten Erfolge erreichen Sie, wenn Sie sich in die Stille zurückziehen, um die eigene Mitte zu finden und aus dieser Mitte heraus zu handeln. Sie aber gehen lieber auf den anderen zu, und es besteht gelegentlich die Gefahr, dass Sie in Ihrer Begeisterung übertreiben. Halten Sie sich daher mehr zurück, und sammeln Sie die Kraft in Ihrem Inneren. Prüfen Sie jedes Ziel sehr sorgfältig, ehe Sie die gesammelte Kraft auf ein Ziel lenken. Sie verfügen über grosse Kräfte, haben damit aber auch eine höhere Verantwortung als andere und werden bei einem Missbrauch der Kräfte härter als andere zur Rechenschaft gezogen. Sie bestimmen nicht allein das Schicksal dieses Lebens. Vor Ihnen liegt Aufstieg oder Fall, je nachdem, wie Sie die Kräfte einsetzen.

Die Bedeutung der Zahl 54

Sie haben ein ausgeprägtes Geltungsbedürfnis und versprechen oft mehr, als Sie halten können. Sie möchten eben etwas Besonderes sein, sich aus der Masse abheben. Sie wollen beachtet und geachtet werden. Dabei haben Sie die besten Voraussetzungen, wenn Sie Ihre Möglichkeiten optimal nutzen. Noch sind Sie zu weich und können nicht gut nein sagen. Sie sind ehrgeizig, haben aber nicht genug Durchhaltevermögen. Sie können andere gut beeinflussen, sollten jedoch streng darauf achten, dass dies stets nur aufbauend und hilfreich genutzt wird. Es besteht auch eine Neigung, mit einfachsten Menschen zu verkehren, um dort leichter das eigene Geltungsbedürnis zu befriedigen. Widerstehen Sie dieser Versuchung und geben Sie einfach in jeder Situation Ihr Bestes. Erfüllen Sie den Augenblick, und nutzen Sie Ihre vielfältigen Möglichkeiten richtig.

Die Bedeutung der Zahl 55

Sie sollten sich auf Ihre gute Intuition verlassen sonst sind Fehler unvermeidlich. Immer wieder aber kommen Sie in Versuchung, spontan zu handeln, um dann zu erkennen, dass Sie die falsche Richtung eingeschlagen haben. Ihr Spruch könnte sein: «Erst denks, dann sags, erst wägs, dann wags». Sie haben viele gute Ideen, und Sie haben die Fähigkeit, diese Ideen in die Tat umzusetzen, wenn Sie überlegt handeln. So oder so geben Sie Ihrer Umgebung Impulse, ergreifen die Initiative und werden von den anderen als Führer akzeptiert, oft sogar dazu gedrängt, die Führung zu übernehmen. Sorgen Sie also dafür, dass Sie ein guter Führer sind, der die Interessen der anderen sehr sorgfältig und verantwortungsbewusst wahrnimmt. Für Sie ist tägliche Meditation besonders wichtig, damit Sie sicher auf dem Weg der inneren Führung bleiben und eventuelle Kursabweichungen sofort korrigieren können. Eine wichtige Inkarnation, die Sie ein grosses Stück voran, aber auch zurückwerfen kann.

Die Bedeutung der Zahl 56

Sie haben hohe geistige Fähigkeiten und ein ausgeprägtes Sendungsbewusstsein. Auch Ihre Erfindungsgabe ist beachtlich, jedoch sollten Sie Ihr Durchhaltevermögen steigern. Ihre vielen Fähigkeiten und Anlagen erlauben Ihnen, sich auf fast jedem Platz zu profilieren, jedoch besteht gerade dadurch die Gefahr, dass Sie sich auf vielen Wegen versuchen, um den Richtigen zu finden. Für Sie ist praktisch jeder Weg richtig, wenn Sie ihn konsequent gehen, und er Sie Ihrem hohen Ziel näher bringt. Ihre starke innere Sehnsucht wird Sie immer wieder veranlassen, einen neuen Weg zu suchen, um noch schneller ans Ziel zu kommen. Daraus ergibt sich die Aufgabe, die Beharrlichkeit zu entwickeln, sonst ist Resignation möglich. Sie sehen Ihre Aufgabe darin, für eine grössere Gemeinschaft tätig zu sein, vielleicht sogar ein Volk zu führen. Die Anlagen sind da, aber noch nicht voll in Besitz genommen. Nur ausdauernde und gründliche Arbeit an sich selbst kann Ihnen helfen, diese hohen Anlagen optimal zu nutzen. Dabei ist darauf zu achten, dass das Selbstwertgefühl nicht zu stark wird. Wer Bescheid weiss, ist ohnehin bescheiden.

Die Bedeutung der Zahl 57

Sie haben eine ausgeprägte Neigung zum Altruismus und ein starkes Innenleben. Achten Sie daher darauf, die Realitäten nicht aus den Augen zu verlieren, sonst sind Enttäuschungen nicht zu vermeiden. Setzen Sie Ihre hohen Kräfte für sich und andere voll ein, aber getragen von Liebe und Verständnis und nicht nur von Würde und Autorität. Bringen Sie Ihr starkes Innenleben auch nach aussen zum Ausdruck, und verschliessen Sie sich nicht zu sehr, — doch hüten Sie sich gleichzeitig vor Vertrauensseligkeit, da Enttäuschungen oft aus dem engsten Kreise kommen. Da Ihr Innenleben sehr ausgeprägt ist, sollten Sie zum Ausgleich den mentalen Bereich stärken. Beschäftigen Sie sich mit logischem Denken, mit der Lösung von Problemen und schleifen und optimieren Sie so Ihren Verstand. Werden Sie in einem Fachbereich Ihrer Wahl eine Kapazität und lernen Sie, Ihre Ratio und Ihre hohe Intuition zu einer Einheit zu verschmelzen, aber beteiligen Sie stets beide Bereiche an Ihren Entscheidungen. Meditative Techniken, so wichtig sie sonst für die Entwicklung eines Menschen sind, in Ihrem Falle könnten sie zur Disharmonie führen.

Die Bedeutung der Zahl 58

Bei Betonung der Selbstdisziplin sind Ihnen grosse Erfolge möglich, denn Sie haben enorme Fähigkeiten und einen guten Charakter, sind aber zu selbstbewusst und impulsiv. Lernen Sie zunächst einmal, Ihre hohen Kräfte zu beherrschen und in die richtige Richtung zu lenken. Ihre Stärken sind der Sinn für Ästhetik und Formen überhaupt, sodass Sie ein guter Architekt, Designer oder Modeschöpfer sein könnten. Aber auch als Erfinder würden Sie Erfolg haben. Setzen Sie jedoch Ihre ausgeprägte Willenskraft eher zurückhaltend ein, sonst ist Widerstand von aussen unvermeidlich. Ihre Fähigkeiten werden Ihnen helfen, sich durch Können durchzusetzen. Ihr Schaffensdrang trägt Sie häufig in völlig neue Bereiche, sodass Sie mitunter Ihre ganze Zeitepoche prägen mit Ihrem Schaffen und Ihren Entdeckungen. Konzentrieren Sie aber Ihre Fähigkeiten nicht zu sehr auf den persönlichen Genuss, sondern auf das Gemeinwohl.

Die Bedeutung der Zahl 59

Sie haben eine starke Sexualkraft und eine ungewöhnliche magnetische Ausstrahlungskraft, sowie die Fähigkeit, magnetisch zu heilen. Das gelingt umso besser, desto mehr die Sexualenergie in geistige Energie umgewandelt wird. Bei einigen ist dieser Prozess bereits weit fortgeschritten. Dann sind Sie feinsinnig, aber auch empfindsam und sehnen sich nach einem ästhetischen Lebensgenuss, frei von Belastungen. Sie haben eine starke Sehnsucht nach einem kultivierten Leben und diese Sehnsucht bereits mehr oder weniger verwirklicht. Es besteht jedoch noch immer die Gefahr, dass Sie, um der «höheren» Erfahrung willen, auch zu Drogen greifen. Sie sollten bei Ihren hohen Idealen die Realisierbarkeit nicht aus den Augen verlieren, sonst verlieren Sie sich in einer Idee, deren Zeit noch nicht gekommen ist. Ihre Nahrung, vor allem die geistige Nahrung, sollte rein sein, damit die feinstofflichen Körper sich weiter entwickeln können. Folgen Sie Ihrem Sinn für Ästhetik und Kultur, aber nicht nur im Genuss.

Die Bedeutung der Zahl 60

Sie sind eine sympathische Persönlichkeit, fast schon eine ausgesprochene Künstlernatur, die jedoch von den anderen meist nicht verstanden und oft auch ausgenützt wird. Sie haben eine sehr freie, oft sogar extreme Weltanschauung, die nicht immer mit der Realität übereinstimmt. Nicht den Boden unter den Füssen verlieren, denn Sie können andere sehr gut überzeugen. Daher müssen Sie besonders darauf achten, dass Ihre Überzeugung richtig ist, und Sie nicht andere in die falsche Richtung lenken. Hier ist das Gebiet des Verstandes, der von Ihnen nicht immer gebührend beachtet wird. Befassen Sie sich daher mit Dingen, die Logik und den vollen Einsatz des Verstandes erfordern, damit auch dieser Teil Ihrer Persönlichkeit den ihm gebührenden Platz in Ihrem Leben findet. Sie sind auch ein überzeugender Verkäufer, sollten jedoch darauf achten, dass Sie den Vertrauensvorschuss, den man Ihnen entgegenbringt, nicht missbrauchen. Alles in allem also grosse Möglichkeiten, die Sie weit voranbringen können, wenn sie verantwortungsbewusst genutzt werden.

Die Bedeutung der Zahl 61

Zwei Seelen sind in Ihrer Brust. Ein Teil Ihrer Persönlichkeit ist stark und frei, und so geben Sie sich auch nach aussen. Aber Sie sind auch sehr sensibel und verletzlich, was man jedoch meist erst an Ihren Reaktionen merkt. Das hat zwar den Vorteil, dass Sie Wesentliches sehr schnell und klar erkennen, ja Sie haben ein schon fast übersinnliches Gespür für subtile Zusammenhänge, aber die mangelnde Feinsinnigkeit der anderen trifft Sie auch oft und lähmt Ihre Kraft. Dann kann es passieren, dass Sie Ihre Stärke mit Macht einsetzen und selbst rücksichtslos werden, wenn auch nur ganz kurz. Sie haben einen starken Bezug zur Gruppe, Partei oder gar einem ganzen Volk. Sie brauchen die Gemeinschaft und finden dort Ihre natürliche Aufgabe als Anführer, aber auch als Aufrührer und Revolutionär. Kurz, Sie sind keine Persönlichkeit, an der man achtlos vorübergeht. Entweder man mag Sie, verehrt Sie vielleicht sogar, oder man ist konsequent gegen Sie, je nach eigenem Standort. Sie aber werden Ihren Weg machen, sorgen Sie nur dafür, dass die Richtung stimmt.

Die Bedeutung der Zahl 62

Sie liegen oft im Kampf mit sich selbst, was der Durchführung Ihrer Pläne nicht gerade förderlich ist. Entscheiden Sie sich für eine Seite, möglichst für die richtige, aber gerade das fällt Ihnen schwer. Zu deutlich sehen Sie Vor- und Nachteile beider Seiten. Man kann aber nicht gleichzeitig in zwei Richtungen gehen, und wer es trotzdem versucht, der zerreisst sich. Besser wäre es, beide Kräfte nacheinander, jede zu ihrer Zeit, einzusetzen. Denn Sie haben die Fähigkeit zu aussergewöhnlichen Leistungen in sich und auch den Willen, sie zu erringen. Hüten Sie sich aber vor Überaktivität, denn Sie bringen es auch fertig, bis zur Erschöpfung zu handeln. Lernen Sie, sich nicht nur immer wieder Zeiten der Ruhe und Entspannung zu gönnen, sondern auch, diese Phasen optimal zu nutzen durch entsprechende Entspannungstechniken wie Autogenes Training, Yoga, Mentaltraining, usw. Dann und nur dann erreichen Sie, was Sie wollen.

Die Bedeutung der Zahl 63

Sie sind ein wirklicher Philosoph oder haben doch die Voraussetzung dafür in sich. Überschätzen Sie sich aber nicht, sondern vollenden Sie die vorausgegangene Entwicklung und erreichen Sie in dieser Inkarnation das hohe Ziel. Dazu gehört das tägliche Ringen, alles heute ein wenig besser zu machen als gestern und morgen wieder etwas besser zu sein als heute. Es ist dabei hilfreicher, sich etwas zu unterschätzen, als zu glauben, weiter zu sein, als man ist. Es ist also an der Zeit, die Ernte einiger Inkarnationen einzubringen, aber gerade das ist nur mit vollem Einsatz der Kräfte zu erreichen. Lassen Sie sich auch davon nicht irritieren, dass manche Ihrer Freunde Sie bereits am Ziel sehen. Es ist noch viel zu tun, packen Sie es an! Nutzen Sie Ihr feines Einfühlungsvermögen auch einmal zur Selbsterkenntnis, und erkennen Sie die notwendigen nächsten Schritte, und vor allem natürlich, — tun Sie diese Schritte. Dann und nur dann haben Sie die Chance, diesmal einen Sprung voran zu tun, eine Chance, die so schnell nicht wieder kommt.

Die Bedeutung der Zahl 64

Sie verfügen über eine sehr starke Antriebsenergie, die es Ihnen ermöglicht, fast jedes Ziel auch zu erreichen. Diese Kraft sollten Sie aber nicht zu aggressiv einsetzen, weil Sie sich sonst unnötig Feinde machen und die Verwirklichung Ihrer Pläne erschweren. Dabei haben Sie durchaus die Fähigkeit, ausgleichend zu wirken und auch sehr entgegengesetzte Ansichten letztlich auf einen Nenner zu bringen, doch «vergessen» Sie mitunter, von dieser Fähigkeit Gebrauch zu machen. Diese starke Antriebsenergie überfordert gelegentlich Ihren Körper, der dem starken Antrieb nicht immer gewachsen ist. Achten Sie daher besonders auf Ihre Gesundheit und den möglichst effektiven Einsatz Ihrer Kräfte. Sie verfügen über eine beachtliche Ausdauer, geraten aber damit gelegentlich in Gefahr, auf einer überholten Position zu beharren, die eigentlich aufgegeben werden sollte. Nehmen Sie sich daher regelmässig die Zeit, Ihren Weg und die geeigneten Schritte zu überdenken, um sicher zu sein, dass Sie noch immer auf dem richtigen Weg sind.

Die Bedeutung der Zahl 65

Sie haben schon viel erreicht, neigen aber dazu, sich und das Erreichte zu überschätzen. Es wäre hilfreich, wenn Sie auch sich selbst immer wieder in Frage stellen würden, um wirklich das Beste aus sich zu machen. Nehmen Sie es auch nicht mehr so wichtig, wenn andere einmal die Grösse Ihrer Persönlichkeit nicht erkennen, und Sie unterschätzen. Das schmälert Ihre wahre Grösse in keiner Weise, mehr aber Ihre Empfindsamkeit. Im Extremfall kann das in eitler Selbstgefälligkeit enden. Dabei haben Sie genug echten Grund, stolz auf sich zu sein, also meiden Sie Übertreibungen. Achten Sie auch darauf, dass Sie nicht pedantisch werden, und bleiben Sie flexibel. Das Leben verlangt täglich neue Entscheidungen. Alles wird, um zu vergehen, damit Neues werden kann. Lernen Sie daher, loszulassen und zu glauben, dass immer etwas Besseres nachfolgt. Nichts ist so gut, dass es nicht noch besser werden könnte. Wenn Sie diese Erkenntnis richtig nutzen, werden Sie aus jeder Verwandlung geläutert und gestärkt hervorgehen. Dann nutzen Sie die Chance dieses Lebens richtig.

Die Bedeutung der Zahl 66

Sie sind grosszügig, verständnisvoll und voller Vertrauen. Rechnen Sie aber auch damit, dass Ihre Grosszügigkeit und Ihr Vertrauen ausgenützt werden könnte. Glaube ist gut, Kontrolle besser. Seien Sie also vorsichtiger in der Wahl Ihrer Freunde und Ihres Umganges sonst sind Enttäuschungen nicht zu vermeiden. Denken Sie auch daran, dass jede «Enttäuschung» eigentlich ein Geschenk des Schicksals ist, denn vorher haben Sie ja in einer «Täuschung» gelebt, die nun beendet wird. Sie haben die Fähigkeit, sich ganz für eine Sache einzusetzen, und es wird fast immer eine ideale Idee sein, für die Sie sich einsetzen. Oft ist dieses hohe Ideal hier und heute jedoch nicht zu verwirklichen. Verzweifeln Sie nicht, und bleiben Sie mit den Füssen auf dem Boden der Tatsachen. Prüfen Sie vor jedem Engagement die Realisierbarkeit auch in der zur Verfügung stehenden Zeit. Nutzen Sie Ihre durchaus praktische Anlage mehr, und denken Sie gelegentlich auch einmal an sich selbst. Schliesslich sind Sie selbst Ihre Hauptaufgabe, die nicht vernachlässigt werden sollte.

Die Bedeutung der Zahl 67

Sie fühlen sich zum Idealisten berufen. Das bringt aber in dieser Welt eine Reihe von Schwierigkeiten mit sich, denn diese Welt ist noch nicht ideal, und auch die Menschen sind es nicht, sodass Sie automatisch mit Ihrer Einstellung zum Aussenseiter werden. Ob Sie Erfolg haben, hängt entscheidend davon ab, ob Sie umsichtig und mit Bedacht vorgehen, oder ob Sie spontan Ihren Eingebungen folgen. Beide Möglichkeiten liegen in Ihnen, aber Sie sollten Ihre spontanen Eingebungen besser sorgfältig prüfen und mit Bedacht ausführen, denn nur so werden Sie Ihre Ziele verwirklichen und Grosses leisten. Nutzen Sie Ihr hervorragendes Organisationstalent, um Ihre Vorhaben gründlich vorzubereiten, denn die Vorbereitung ist bereits die Entscheidung. Das gilt besonders für Sie. Wohl Ihnen, wenn sie bereits in jungen Jahren auf diesen Weg gewiesen werden und ihm folgen. Nutzen Sie daher das geistige Erbe der Menschheit. Lesen Sie, was die Grossen der Menschheit an Erkenntnis hinterlassen haben, und nutzen Sie es für sich. Sie haben die Chance, dort weitermachen zu dürfen, wo jene aufhören mussten.

Die Bedeutung der Zahl 68

Sie haben ein starkes Verlangen, das Leben wirklich zu spüren und nichts, aber auch gar nichts, zu versäumen. Das wird dazu führen, dass Sie jede sich bietende Gelegenheit nutzen, zu reisen, die Welt und die Menschen kennenzulernen. Mit Geld gehen Sie grosszügig um, was dazu führt, dass Sie oft keines haben. Das stört Sie aber gar nicht einmal so sehr, sodass Sie dann eben Reisen in Ihrer Phantasie unternehmen. Hüten Sie sich jedoch davor, den Boden der Realität unter den Füssen zu verlieren, und nutzen Sie die tatsächlichen Gegebenheiten, als nur zu träumen, was sein könnte. Achten Sie auch auf Ihre Neigung, überheblich zu werden. Es würde Sie nicht nur bei Ihren Mitmenschen unbeliebt machen, Sie würden dadurch auch Ihre eigene Entwicklung stark behindern. Geniessen Sie ruhig das Leben in seiner ästhetischsten Form, aber lassen Sie dies nicht zum Lebensinhalt werden, sondern geben Sie Ihrem Leben einen wirklichen Sinn.

Die Bedeutung der Zahl 69

Ihre Ausstrahlung bewirkt, dass man Sie sehr schätzt, ja oft werden Sie für die anderen zum Idol, zum Vorbild. Nun ist entscheidend, wie Sie Ihre vielfältigen Möglichkeiten nutzen. Die Gefahr ist gross, dass Sie sich nur in der Bewunderung der anderen sonnen, ohne für die Gemeinschaft weitere Leistungen zu erbringen. Dann aber ist dieses Leben ein Rückschritt, und eine grosse Chance ist vertan. Verlangen Sie etwas von sich, wenn es die anderen nicht tun. Fordern Sie sich, denn nur so werden Sie gefördert. Entwickeln Sie Ihre grossartigen Anlagen, und setzen Sie sie auch wirklich voll ein. Vieles in diesem Leben fällt Ihnen einfach zu, aber lassen Sie es damit nicht genug sein, sondern erbringen Sie eine wirkliche Leistung. Immer wieder wird Ihr Geltungsbedürfnis ein Hindernis auf dem geistigen Weg sein, das ernst zu nehmen ist. Nur wenn Sie diese Gefahr kennen, können Sie sich entsprechend verhalten und in diesem Leben einen grossen Schritt auf Ihrem Weg vorwärts kommen.

Die Bedeutung der Zahl 70

Sie sind von sich sehr überzeugt und haben ein ausgeprägtes Selbstwertgefühl. Das ist nicht ganz unberechtigt, denn Sie verfügen über grossartige Anlagen. Diese nützen aber nur etwas, wenn sie auch eingesetzt werden, um ein wirkliches Lebensziel zu erreichen. Geben Sie sich nicht mit Scheinzielen zufrieden. Verlangen Sie mehr von sich als andere. Vor allem vermeiden Sie Besserwisserei, vor allem dann, wenn der andere wirklich im Irrtum ist. Es ist sein Recht, sich zu irren, und es ist Ihre Pflicht, ihn so zu nehmen, wie er nun einmal ist. Natürlich können Sie diese Neigung auch beruflich nutzen, indem Sie Kritiker mit hohem Sachverstand werden. Alle Fähigkeiten liegen in Ihnen, aber dazu gehört sehr viel Selbstdisziplin, um bei aller Kritik aufbauend und hilfreich zu bleiben, und die Menschen wirklich zu lieben. Nur wenn Sie ganz fest in der Liebe für alle sind, sollten Sie diesen Weg gehen. Denn die Liebe überwindet die eigenen Schwächen und lässt sie zur Stärke werden.

Leserservice

Prof. Kurt Tepperwein persönlich erleben:

Wünschen Sie tiefer in das Thema dieses Buches einzusteigen und die Chance nutzen, Kurt Tepperwein live zu erleben?

Wie bieten Ihnen die folgenden Seminare und Ausbildungen an:

- ❑ Ausbildung zum dipl. Lebensberater
- ❑ Ausbildung zum dipl. Intuitions-Trainer
- ❑ Ausbildung zum dipl. Bewusstseins-Trainer
- ❑ Atman-Seminar (Durchbruch zur Wirklichkeit)
- ❑ Perlen der Weisheit-Seminar
- ❑ Tepperwein-Prozess-Seminar
- ❑ Ferienakademien

- ❑ Heimstudienlehrgang zum dipl. Lebensberater
- ❑ Heimstudienlehrgang zum dipl. Mental-Trainer
- ❑ Heimstudienlehrgang zum dipl. Intuitions-Trainer
- ❑ Heimstudienlehrgang zum dipl. Seminarleiter
- ❑ Heimstudienlehrgang zum dipl. Erfolgs-Trainer

- ❑ Gesamtseminar- und Ausbildungsprogramm der Akademie FKP
- ❑ Neuheiten Bücher, Audio- und Videoprogramme

Verlangen Sie Ihre gewünschten Informationen bei:

Schweiz + Österreich
Akademie FKP
Postfach - St. Markusgasse 11
FL-9490 Vaduz

075 233 12 12 Telefon
075 233 12 14 Fax

Deutschland
Beratungssekretariat
0911 69 92 47 Telefon/Fax

Kurt Tepperwein

ISBN 3-931 652-20-3
broschiert, 160 Seiten, DM 19,80

Dein spiritueller Check Up

Durch die Tests, die Tepperwein aus langjähriger Praxis heraus zusammengestellt hat, erfassen wir spontan unsere individuelle Situation mit unseren speziellen Fähigkeiten und Schwächen. Tepperwein benutzt in den Tests viele archetypische Bilder, durch die wir Zugang zum Unterbewußtsein bekommen.
Ein Buch für jeden, der mit einfachen und wirksamen Mitteln seine Mitmenschen und sich selbst besser und umfangreicher verstehen und erfahren möchte.

Jean-Marie Paffenhoff

ISBN 3-931 652-17-3
gebunden, 304 Seiten, DM 33,00

Die Engel Deines Lebens

Wie Du mit ihnen Kontakt aufnimmst

Ein Buch über unsere drei unterschiedlichen Schutzengel und darüber, wie wir mit ihnen in Verbindung treten können.
Es werden die Zusammenhänge der Schutzengel zur Bibel, zur Kabbala und zum hebräischen Alphabet erläutert.
Der Autor gibt außerdem eine Einführung in das System der Kabbala mit Meditationstechniken.

ISBN 3-931 652-08-4
gebunden, 224 Seiten, DM 29,80

Edith Fiore

Besessenheit und Heilung

Die Befreiung der Seele

Dieses Buch das ausführlich das Phänomen der Besessenheit entmystifiziert, beschreibt Diagnose- und Heilungsmöglichkeiten bei Besessenheit, und zeigt wirksame Wege aus problematischen Seelenzuständen.
Ein Buch für Therapeuten und Laien mit praktischen Anleitungen.

ISBN 3-923 781-73-3
broschiert, 276 Seiten, DM 29,80

Dick Sutphen

Das Orakel in Dir

Dieses Buch gibt Ihnen auf alle möglichen Fragen eine direkte Antwort. Ihr »Höheres Selbst« oder Überbewußtsein offenbart Ihnen die für Sie richtigen Botschaften, indem Sie das Buch »zufällig« auf irgendeiner Seite aufschlagen.
Sie können sich natürlich auch jeden Tag von den 250 Botschaften inspirieren lassen. Es werden lebensnahe spirituelle Wahrheiten vermittelt, die Ihnen in jeder Lebenssituation weiterhelfen.